服從權威

有多少罪惡，假服從之名而行？

Obedience to Authority: An Experimental View

史丹利・米爾格蘭 *Stanley Milgram* —— 著

黃煜文 —— 譯

目錄
Contents

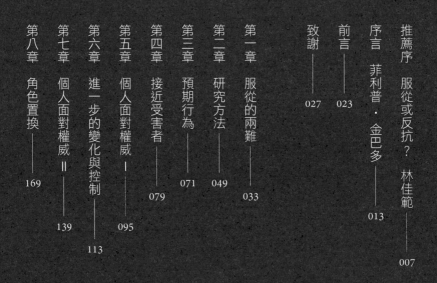

實驗
Experiments

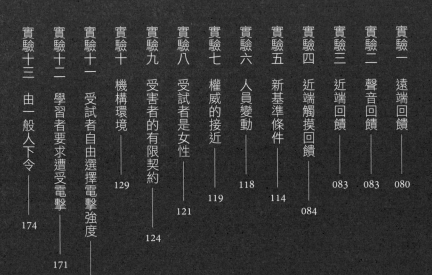

服從或反抗？

林佳範　國立台灣師範大學公民教育與活動領導學系系主任
教育部人權教育輔導群召集人

服從是人性嗎？或反抗是必要的嗎？

我們的文化中，受儒家倫理的影響，很強調尊卑的關係，例如孝順不只要求「尊敬」更要求「順從」長者，甚至從很小就要小朋友「聽話」，不然就是「不乖」，可見「服從」尊長甚至被提升到倫理價值的層次，而不論其是否有值得尊敬或崇揚之處，「聽話」本身即被賦予正當性。換言之，小孩子的責任是在「聽」而不在「說」，更彰顯在我們的俗諺：「小孩子有耳無嘴」，其被期待能服從，而不在於有自己的意見。

比較令人訝異的是，西方社會並未受到儒家的影響。在一九六〇年代耶魯大學教授史丹利．米爾格蘭（Stanley Milgram）所進行的十九次一連串的實驗，參與人數多達一千人，年紀從二十歲到五十歲，當中沒有人是大學生或高中生，在非使用外部的強制力之下，受試者被告知要進行處罰與學習的效果研究，當被電擊的對象已展現高度的痛苦，很高比例的實驗對象仍然會服從實驗的指示，縱使有所疑慮，仍服從指示持續地按下更高的電力，直到最後的階段。

這項實驗的結果，或許可以呼應哲學家漢娜．鄂蘭（Hannah Arendt）所謂「邪惡的平庸」（the banality of evil），在一九六一年其在以色列觀察公審二戰的戰犯艾希曼（Adolf Eichmann），這位前納粹執行屠殺猶太人的「最終解決方案」主要負責人，其並非對猶太人有多大的反感或深仇大恨，而是一位如鄰家大叔般的平常人，執行大屠殺就像公務員在執行一般的公務一樣，如同前述的實驗，當被指示進行電擊的工作，即使對其正當性有所質疑，甚至對被電擊者產生同情，而大多數的受試者仍然會服從指示完成電擊的工作。漢娜．鄂蘭提醒我們，不是很邪惡的人，才會做出邪惡的事，一般的人若不加思索地服從邪惡的指示，仍會做出邪惡的事，甚至大多數的邪惡，都是這樣造成的。

另一方面，我們也必須提問，在這樣的情況下，他們難道不會反抗嗎？這些受試者，若反抗不執行電擊的工作，也不會有任何的威脅或損失，但為何不反抗，而選擇繼續服從指示。或許他們認為既然已經承諾要進行實驗，即有義務要完成實驗，縱使對於這樣的實驗仍有一點質疑。換言之，或許履行承諾的責任感高於停止被電擊者的苦痛，只是這樣的思考，是對的嗎？對於艾希曼來說，執行長官所交辦的任務則高於數百萬猶太人的性命，而這樣的判斷是對的嗎？這樣的說法，或許更反映出他對於自己所執行的任務，是不是「邪惡」或「不正確」，並未產生任何的懷疑，或縱有，但其他的考慮更高於殺掉幾百萬的猶太人。

其實，我們若反觀人類的歷史，類似幾百萬人被屠殺的案例，並非是罕見的，且往往是在成就許多人自認為的「神聖」的事，不管是基於階級、種族、宗教、國家、民族、政治意識形態等等的理由。一直到人權思想的出現，強調人性尊嚴的不可剝奪；認為每一個人的人權都是神聖的，且應該超越前揭各種的理由，才開始對於大規模滅絕人類的行為，視為一種邪惡。人權對於一切的殺戮行為都認為應該被禁止，甚至包括死刑，而前揭種種「神聖」的理由，甚至被認為係各種的歧視或不正確，而喪失其正當性。

人類營社會生活，欲形成公共的秩序，難免會有支配服從的關係，惟不同的是在於其建立在何種基礎之上。如在政治上，不管是威權專制或民主政體，其區別不在於是否有支配服從關係，而在於其政治正當性的基礎，如在君權神授的時代，其統治之正當性訴諸於宗教的神聖性，而在民主時代，其更奠基在人權、法治、民主的選舉等之上。甚至，在社會上人際的關係，更可能基於經濟上、知識上、階級上、種族上、性別上等等之不對等或優勢，所造成的支配服從關係，而這些過去傳統上被視為理所當然的尊卑倫理關係，亦被重新檢視其正當性的基礎，例如過去重男輕女的父權倫理觀，從性別平權的角度而言，即被視為是不對的或邪惡的。

因此，在強調人權保障的民主國家，所謂支配服從的關係，很難不被檢視其正當性的基礎，如法國哲學家卡繆（Albert Camus）所主張：「我反抗，故我們存在。」反抗即代表著一種新的存在抉擇，而不是默默地服從各種既存的倫理價值。要避免「邪惡的平庸」，端視我們是否能針對各種支配服從關係，進行思辨，若認為「邪惡」即須反抗，才有新的存在可能性。

甚者，前揭米爾格蘭教授後來將其實驗結集成書，在名為《服從權威：有多少罪惡，假服從之名而行？》的書中，其指出服從的本質「在於一個人把自己視為他人期望的工具，因此不再認為自己要為自己的行為負責」，換言之，服從除不思辨自己的行為以外，更深沉的意涵在於規避自己的責任與自主性，而選擇追隨強人或威權，這或許是民主政治最大的敵人，即心理學家弗洛姆（Erich Fromm）所謂的「逃避自由」。民主社會肯定人民的獨立自主性，而將政治的正當性建立在人民的參與；若人民選擇不參與或規避責任而將權力集中於強人或獨裁者身上，從德國的威瑪民主共和退化成希特勒的納粹威權政體，即為歷史的實例。

米爾格蘭教授的實驗雖然是在一九六〇年代的美國，但在深受儒家文化影響且民主化仍未成熟的台灣，我們如何看待政治權威，服從或反抗仍不斷地考驗著我們所有的人，是選擇或逃避自由？

序言
Foreword

路西法（Lucifer）墜入地獄，亞當（Adam）與夏娃（Eve）被逐出伊甸園，這是影響西方文化最深遠的兩段敘事，警惕世人不服從權威招來的可怕後果。上帝要求所有的天使尊崇亞當，也就是上帝新造的完美生物：人類。但路西法——上帝最寵愛的天使，他是「明亮之星」，在聖經中又稱為「晨星」——卻忤逆上帝的命令。路西法與一群想法與他相同的天使認為，在亞當被創造出來之前，他們早已存在，況且亞當只是凡人，而他們是天使。上帝聽了之後，立刻認定他們犯了兩項彼此息息相關的大罪：一個是驕傲，另一個是不服從祂的權威。上帝毫無化解衝突的打算，祂召來大天使米迦勒（Archangel Michael），命他將服從的天使組織起來，以武力討伐這些叛逆。當然，米迦勒贏了（有上帝為他撐腰），路西法變成撒但（Satan），又稱為魔鬼（Devil），他被放逐到上帝新創造的地獄裡，其餘的墮落天使也隨他一起墜入其中。然而，撒但從地獄返歸，他證明不尊崇亞當其實是適切的，因為亞當不僅不完美，更糟的是，他輕易受到蛇的影響而敗壞。

當初，上帝讓亞當與夏娃自由地統治完美的樂園伊甸園，只規定了一個小小的禁令。上帝特別耳提面命：分別善惡樹上的果子絕不可吃。可撒但卻化為蛇的形體，說服夏娃吃一口善惡樹的果子。夏娃吃了之後，也要亞當跟著吃一口。他們只不過吃了一口禁果，就立即受到責難，並被永遠趕出伊甸園。他們必須辛苦耕種，體驗許多苦難，甚至親眼目睹自己的子女該隱（Cain）與亞伯（Abel）相爭。他們也失去了純真。更糟的是，不服從權威造成的可怕後果，居然讓他們的罪不斷傳承給後代，直到永遠。世上每個天主教的孩子一出生，就帶著亞當與夏娃惡行的原罪詛咒。

顯然，這些敘事是男人與權威創造的神話，絕大多數出自僧侶、拉比與牧師之手，因為這些敘事發生的時間，遠在人類能夠目擊與記錄之前的宇宙歷史中。這些敘事就像所有的寓言一樣，經過了一番設計，目的在傳遞一項強而有力的訊息給聆聽與閱讀的人知道：**無論如何，你都要服從權威！**不服從權威的結果非常可怕，甚至會下地獄。這些神話與寓言一被創造出來之後，就由一代代的權威予以傳承散布，如今日的父母、老師、上司、政治人物與獨裁者，他們希望自己的話受到遵從，不容許出現不同的意見或挑戰。

因此，在傳統的教育環境裡，身為學生的我們都學過且體驗過這一連串的校規：除非老師准許你站起來離開座位，否則你必須乖乖坐著；發言前必須先舉手，老師同意後你才能說話；不能跟老師頂嘴，也不許抱怨。這些行為規則深深灌輸到我們的腦海裡，即使我們長大成人之後，它們依然影響著我們的生活周遭，就好像我們身上永遠掛著一個牌子，提醒我們要服從權威。然而，不是所有的權威都能做到正義、公平、道德與守法，我們從未受過清楚的訓練，讓我們明辨**正義**與**不義**的權威有何關鍵差異。正義的權威值得尊重與服從，甚至毋須太多質疑，但不義的權威應該會引起大家的疑慮與不滿，最終引發挑戰、反對乃至於革命。

●●●

史丹利・米爾格蘭（Stanley Milgram）的一系列服從權威實驗——實驗過程清楚完整地呈現在這本新版作品裡——代表了社會科學對人性核心動力進行的重要調查。米爾格蘭的作品首開先河，把服從權威的本質研究引進到實驗室的控制環境裡。就某種意義來說，米爾格蘭遵循的是社會心理學之父庫爾特・勒文（Kurt Lewin）的傳統，不過一般不會將米爾格蘭歸為勒文學派，舉例來說，像里昂・費斯廷格（Leon Festinger）、史丹利・夏克特（Stanley Schachter）、李・羅斯（Lee Ross）與理查・尼斯貝特（Richard Nisbett）明顯走的就是勒文的路線。不過，米爾格蘭利用實驗室環境的限制與控制，來對現實世界裡的意義現象進行研究，這種做法本質上與勒文社會心理學的研究方式不謀而合。

米爾格蘭之所以想探索服從，最早是從思索德國民眾輕易服從納粹權威開始的，德國民眾在納粹的命令下歧視猶太人，最後允許希特勒實行最終解決方案對猶太人進行屠殺。米爾格蘭是年輕猶太人，他猜想，儘管文化與歷史背景不同，但猶太人大屠殺有沒有可能會在他自己的國家再次出現。雖然許多人斬釘截鐵地認為這種事絕對不可能在美國發生，但米爾格蘭卻對大家的信心感到懷疑。儘管我們相信人性本善，卻無法否認如下事實：一般人，甚至是我們眼中的好人，都有可能遵從命令，犯下世上最可怕的惡行。英國作家斯諾（C. P. Snow）提醒我們，以服從之名犯下的違反人性的罪名，遠比不服從來得多。米爾格蘭的老師索羅門‧艾許（Solomon Asch）在此之前即已證明團體的力量會左右聰明大學生對視覺現實錯誤概念的判斷。[1]但這種影響是間接的，會讓團體與個人對相同的刺激產生不同的感受。從眾（儘管團體的想法是錯的）可以解決這種差異問題，參與者從眾可以避免團體排擠而獲得團體接受。米爾格蘭想找出擁有權力的個人對另一個個人下達違反良心與道德的指令時，會產生何種直接而立即的影響。他想知道，當人面對嚴酷的人性考驗時，實際上會做出什麼事；而這個結果跟我們一般認為人在這樣的情境下會做出什麼反應，兩者之間有什麼差別。

遺憾的是，許多心理學家、學生與一般大眾自以為了解「米爾格蘭電擊」研究的內容，事實上他們只知道一個版本，而且絕大多數只是看了他那部具影響力的電影《服從》（*Obedience*）或讀過教科書上的簡單介紹。有人質疑他只找男性來接受實驗，一開始確實如此，但之後的實驗他也找了女性參與。也有人質疑他只找了耶魯大學的學

1 此指艾許於一九五三年進行的「從眾實驗」，詳參本書205頁，探討團體壓力如何扭曲人們健全的心智。

生，因為他起初的研究是在耶魯進行的。然而事實上，米爾格蘭的服從研究涵蓋了十九次彼此獨立的實驗版本，參與的人數多達一千人，年紀從二十歲到五十歲，當中沒有人是大學生或高中生！有人嚴厲批評他的實驗違反倫理，他創造的情境讓扮演老師角色的人感到痛苦，因為這些受試者以為扮演學習者的人真的遭到電擊。我想，一般觀眾可能是看到電影中受試者痛苦與猶豫的神情，因此才強烈地認為這項研究有嚴重的倫理問題。閱讀米爾格蘭的研究論文或他的作品，會發現當中並未特別強調參與者的壓力，我們只看到參與者明知他們造成無辜者的痛苦，卻依然繼續服從權威。我提出這個觀點不是要主張這項研究是否合於倫理，而是認為讀者應該閱讀第一手的研究資料，了解米爾格蘭的觀念、方法與結果，這樣才能充分明瞭他的做法。這也是本書將米爾格蘭服從研究的文章集結出版的理由。

●●●

接下來我要簡略說明我怎麼看待這項研究。首先，這是社會心理學或社會科學領域內最具代表性也最具概括性的研究。米爾格蘭的樣本數相當龐大，涵蓋了系統性的變數，他找來美國兩座小鎮——康乃狄克州的紐海芬（New Haven）與布里吉波特（Bridgeport）——各式各樣的一般民眾，並且詳細說明了方法論。此外，米爾格蘭也在不同文化與不同時間重覆進行相同的研究，充分顯示研究的有效性。

米爾格蘭的實驗充分證明社會情境對人類行為的影響，他的實驗結果呼應了行為決定論者情境主義的核心觀點。這項研究說明絕大多數人無法拒絕不正義權威所下的命令。在研究一開始，權威看起來符合正義，且明白提出合理的意圖，然而之後權威卻下了不合理的命令。心理學研究者以懲罰做為改進學習與記憶的工具，這種做法是明智且合理的。然而，一旦學習者堅持退出，抱怨自己心臟不舒服，並在電擊提高到三百三十伏特之後完全停止做出回應，這個時候若再繼續加強電擊，即完全失去合理性。如果學習者被電暈過去，或者發生更糟的狀況，還談什麼協助提高記憶力？實驗到了這個階段，其實不需要費神多想，照理來說每個受試者應該都會拒絕繼續進行下去，拒絕服從殘忍而不正義的權威。結果恰恰相反，受試者施加的電擊力道顯然已經太強，但他們似乎陷入了米爾格蘭所說的「代理人心態」（agentic state），因此完全沒有罷手的意思。

受試的一般民眾淪為毫無判斷能力、一味服從命令的小學生，他們不知道如何從這個極為不快的情境中解脫，除非老師要他們停手。當他們的電擊很可能導致嚴重的醫療問題時，在這個關鍵時刻，是否有任何受試者從椅子上起身，走到隔壁房間看看受害者的情況？在回答這個問題之前，讓我們先想想另一個問題，我也曾當面詢問過史丹利・米爾格蘭：「在調到最高的四百五十伏特之後，有多少受試者自發地起身詢問學習者的狀況？」米爾格蘭的回答是：「一個也沒有，零個！」因此，小學時代服從基本規則，也就是老師叫你做什麼、你就做什麼的習性，的確延續到了成年時期，除非身為權威的老師同意、允許與命令，否則一般人是不會停止的。

我對情境權力所做的研究（史丹福監獄實驗）與米爾格蘭的研究有幾個彼此互補的地方。我們的研究就像是情境主義兩側的書擋：米爾格蘭顯示了權威直接對個人施加權力，我則顯示了機構間接對權力領域內的所有對象施加權力。我要說明的是系統權力創造並維持了某些情境，對個別的行為施予支配與控制。此外，我們的研究都戲劇性地顯示外在權力對人類行為的影響，這一點可以輕易地從讀者與觀眾的反應看出。（我也拍了一部電影《寧靜的憤怒》〔*Quiet Rage*〕，對於世界各地的觀眾產生了不少衝擊。）我們的研究都引發了倫理問題，因為我們的實驗都發生了參與者感到痛苦或罪惡感的狀況。我在最近的著作《路西法效應》中花了很大的篇幅討論這類研究的倫理問題。一九七一年，當我首次在美國心理學會年會上簡單報告史丹福監獄實驗時，米爾格蘭很開心地跟我打招呼，他說，我可以做點更違反倫理的研究來分攤眾人對他的指責！

最後，我可以說點別的事來滿足本書讀者的興趣，那就是史丹利・米爾格蘭跟我是布朗克斯區詹姆斯・門羅高中的同學（一九五〇年畢業班），我們高中時代就處得很好。他是同年級最聰明的孩子，畢業時拿下了所有的學業獎項，我則是最受歡迎的孩子，曾被高年級選為「吉米・門羅」。十年後，當我們在耶魯大學相遇時，小史丹利告訴我，他在高中時希望自己是最受歡迎的孩子，我則對他說我希望自己是最聰明的。我們只能運用自己手中的一切，盡力做到最好。往後數十年，我與史丹利有過許多有意思的討論，甚至差點一起聯名發表一份社會心理學論文。令人惋惜的是，一九八四年，米爾格蘭因心臟病突發而以五十一歲的英年離開人世。他留下充滿創意與生命力的思想遺產，從最初的服從權威實驗，到後頭延伸出許多新的領域，包括都市心理學、小世界效應、六度分隔理論與希拉諾效應等等，他總是別具創意地混用各種方法。史丹利・米爾格蘭是人文景致的敏銳觀察者，他總是注意著新的典範，希望能揭露古老的真理，或是用全新的眼光來看待隱藏的運作原則。我經常想，如果史丹利還在人世，他會怎麼研究眼前這些全新的現象。

菲利普・金巴多

二〇〇九年一月

前言
Preface

服從是個稀鬆平常的東西，因此沒有人想得到服從可以做為社會心理學的研究主題。然而，如果不能正視服從在形塑人類行動上扮演的角色，那麼許多重大的行為將無從理解。一個遵照命令執行的行為，從心理上來說，與自發的行動有著截然不同的性格。

一個由衷厭惡偷竊、殺戮與攻擊的人，如果是奉命從事這些行為，他的內心也許會相對輕鬆。要一個人自動自發做出某些行為確實無法想像，然而，如果有人下令他這麼做，他或許會毫不猶豫地執行。

服從權威本身蘊含著兩難的性質，其歷史相當久遠，最古老可上溯到亞伯拉罕（Abraham）的故事。[1]當前的研究要做的，是給予這種兩難的性質一種當代的形式，把它當做

1《聖經》記載，上帝為考驗亞伯拉罕的忠心，命其殺獨生子獻祭，而亞伯拉罕亦選擇遵從上帝的旨意。

實驗探索的主題。我們的目標在於理解，而非從道德角度加以判斷。

以心理學研究服從的角度來看，我們的重點是能夠取得權威的概念，然後將這種概念轉譯成個人的經驗。用抽象的方式談論個人的權利與權威的權利是一回事；檢視真實情境下的道德選擇又是另一回事。我們都知道自由與權威的哲學問題。但有些問題不是學術問題，而是牽涉到活生生的人必須服從或不服從權威的問題，那是發生在具體情境下的反抗行為。在實際發生這些事之前所做的沉思，不過是一種玄想。不服從行為的特質，其實是在發生決定性行動的當下所決定的。本實驗就是在此觀念下成形的。

當我們進到實驗室時，這個問題便縮小了：如果實驗者告訴受試者要更嚴厲地對待另一個人，在什麼情況下受試者會服從？在什麼情況下，受試者則會不服從？實驗室的問題是生動、緊湊而真實的。它不是那種與生活脫節的事物，相反地，社會世界日常行動中隱含的某種傾向，都會在這裡得出極端且符合邏輯的結論。

令我們感到好奇的是，在實驗室裡研究的結果，與納粹時期產生的一連串令我們感到遺憾的服從形式，兩者之間是否有任何關聯。兩者的情境差異當然十分巨大，但只要能抓住某些最本質的特徵，那麼相對來說，規模、數目與政治環境的差異其實就不那麼重要了。服從的本質，在於一個人把自己視為執行他人期望的工具，因此不再認為必須為自己的行為負責。一旦一個人的觀點有了如此關鍵性的變化，那麼服從的一切本質特徵，都將會一一在他的身上浮現。這個人在思想上的調整，讓他毫無顧忌地從事殘忍行為，以及想出各種理由為自己的行為開脫，不管他待的地方是心理實驗室還是洲際飛彈的控制室，行為的本質都是類似的。因此，概括性的問題無法藉由列舉心理實驗室與其他情境之間明顯的不同來解決，而是要建立一個能捕捉服從本質的情境——也就是說，要建立一個情境，讓一個人完全聽命於權威，而且不再認為自己要為自己的行為負責。

如果受試者是自願參與，而實驗者也盡可能不使用強制力，那麼服從將帶有更濃厚的合作色彩；如果實驗者以強制或懲罰的方式威脅受試者，那麼服從將成為恐懼威脅下的產物。在這裡，我們研究的服從是未受到任何威脅的自願服從，服從的產生只是因為權威提出的簡單主張，也就是權威宣稱它有控制受試者的權利。權威在研究時所行使的力量，完全是以權力為基礎（某種程度來說，受試者認為實驗者有此權力），而不是仰賴任何客觀的威脅或可能的有形手段來控制受試者。

對受試者來說，主要的問題在於，一旦他把支配自己的權力交給了實驗目的，那麼他之後是否能夠拿回權力，重新支配自己的一舉一動？這種狀況的困難顯示出我們研究的情境帶有一種痛苦，與某種程度來說是悲劇的元素，因為天底下最淒慘的事，莫過於看著一個人在一個將對他造成影響的情境中努力想控制自己的行為，卻功敗垂成。

致謝
Acknowledgments

本書描述的實驗沿續社會心理學七十五年來的實驗傳統。[1]鮑里斯・塞迪斯（Boris Sidis）早在一八九八年就進行了服從實驗，然後艾許（Asch）、勒文（Lewin）、謝里夫（Sherif）、弗蘭克（Frank）、布洛克（Block）、卡特萊特（Cartwright）、弗蘭奇（French）、拉溫（Raven）、路欽斯（Luchins）、里皮特（Lippitt）、懷特（White）等人的研究雖然並非專門討論服從，仍對我的實驗大有助益。阿多諾（Adorno）與他的同事，以及鄂蘭（Arendt）、弗洛姆（Fromm）與韋伯（Weber）的貢獻，都屬**時代精神**的一環，而我們這些社會科學家就是在這種時代精神下成長的。其中有三部作品特別引起我的興趣。首先是別具洞見的《近代國家的權威與犯罪》（*Authority and Delinquency in the*

1 原文書於一九七四年出版。

Modern State），作者是艾利克斯・康福特（Alex Comfort）；其次，羅伯特・比爾斯德特（Robert Bierstedt）對權威做了清楚的概念分析；最後是阿瑟・庫斯勒（Arthur Koestelr）的《機器中的幽靈》（*The Ghost in the Machine*），這本書對於社會階序觀念的闡述遠比本書更為深刻。

實驗研究是在我任教耶魯大學心理系期間，也就是從一九六〇年到一九六三年開始執行並完成的。我要感謝系上提供研究設備與建議，尤其要謝謝厄文・賈尼斯（Irving L. Janis）教授。

來自康乃狄克州威斯特海芬、現已過世的詹姆斯・麥克多諾（James McDonough）扮演學習者的角色，多虧他生動自然的演技，研究才能順利完成。康乃狄克州薩斯伯里的約翰・威廉斯（John Williams）則擔任實驗者，他的表演精確無誤。此外還要感謝艾倫・埃爾姆斯（Alan Elms）、強・韋蘭德（Jon Wayland）、村田岳人（Taketo Murata，音譯）、艾彌爾・埃爾吉斯（Emil Elges）、詹姆斯・米勒（James Miller）與麥可・羅斯（J. Michael Ross）協助本研究的相關工作。

紐海芬與布里吉波特有許多民眾前來擔任受試者，非常感謝他們。

實驗結束後過了很長一段時間，在許多人的刺激與支持下，我開始思索與寫下這段實驗過程。感謝安卓・莫迪格里亞尼（Andre Modigliani）、艾倫・赫胥科維茲（Aaron Hershkowitz）、蕾亞・戴蒙（Rhea Mendoza Diamond）與已經過世的高登・奧爾波特（Gordon W. Allport）。還要謝謝羅傑・布朗（Roger Brown）、哈瑞・考夫曼（Harry Kaufmann）、霍華德・勒文塔爾（Howard Leventhal）、妮喬爾・庫迪爾卡（Nijole Kudirka）、大衛・羅森漢（David Rosenhan）、雷恩・曼（Leon Mann）、保羅・霍蘭德（Paul Hollander）、傑洛姆・布魯納（Jerome Bruner）與莫里・席爾瓦（Maury Silver）。艾洛伊絲・塞格爾（Eloise Segal）協助我執筆書中數章，而哈珀與洛出版社編輯維吉妮亞・希魯（Virginia Hilu）對於本書抱持極大的信心，她最後還讓我使用她的辦公室，並將這本書從遲遲不願放手的作者手中解救出來。

我還要感謝我在紐約市立大學的祕書瑪麗・英格蘭德（Mary Englander）與艾琳・萊德爾（Eileen Lydall），以及研究助理溫蒂・斯騰伯格（Wendy Sternberg）與凱薩琳・克洛（Katheryn Krogh）。

茱蒂絲・沃特斯（Judith Waters）是一名研究生，也是技術高超的藝術家，第八章與第九章的鋼筆畫就是她的作品。

我要感謝倫敦猶太事務研究所（Institute of Jewish Affairs）允許引用我的文章〈服從犯罪命令：被迫為惡〉（“Obedience to Criminal Orders: The Compulsion to Do Evil”），這篇文章最初刊登於《偏見》（*Patterns of Prejudice*）雜誌。

我還要感謝美國心理協會（American Psychological Association）允許引用我的幾篇文章，這些文章首次刊載於協會的期刊中：〈服從的行為研究〉（“Behavioral Study of Obedience”）、〈服從研究的爭議：回應鮑姆林德〉（“Issues in the Study of Obedience: A Reply to Baumrind”）、〈群體壓力與反個人的行動〉（“Group Pressure and Action Against a Person”）與〈群體壓力的解放效果〉（“Liberating Effects of Group Pressure”）。

本研究獲得國家科學基金會（National Science Foundation）兩筆獎助金挹注。一九六〇年從事的解釋性研究獲得耶魯大學希金斯基金（Higgins Fund）小筆獎助金支持。一九七二年到七三年，我獲得古根漢獎學金（Guggenheim Fellowship）的幫助，得以擺脫學院事務，空出一年到巴黎完成本書。

我的妻子莎夏（Sasha）從一開始就參與這些實驗。她的洞見與理解對我有很大的幫助。成書前的最後幾個月，實際上只剩我們兩個人待在雷穆薩街（Rue de Rémusat）的公寓裡工作——在莎夏的協助下，我們共同完成了這本書。

史丹利・米爾格蘭

巴黎

一九七三年四月二日

第 一 章

服從的兩難

The Dilemma of Obedience

眾所皆知，服從是社會生活結構的基本元素。權威系統是共同生活的要件，唯有離群索居的人才不需要理會（無論違逆還是順從）他人的命令。服從是行為的決定因素，與我們的時代有著特殊的關聯性。可靠的證據證實，從一九三三年到一九四五年，有數百萬無辜民眾在一聲令下遭到有系統地屠殺。毒氣室的興建、死亡營的守衛、每日的屍體額度，這些工作的進行就跟生產線一樣有效率。這些泯滅人性的政策也許完全出自某人的瘋狂念頭，但是如果沒有那麼多人遵從命令，就不可能出現如此大規模的殺戮。

服從是一種心理機制，將個人行動連結上政治目的。這種傾向上的黏合，使人與權威系統緊緊連結在一起。從近來的歷史事實與日常生活觀察可知，對許多人來說，服從是一種根深柢固的行為傾向，亦是一種占優勢的衝動，凌駕於倫理、同情與道德行為的訓練之上。斯諾（1961）就曾指出服從的重要性，他寫道：

思考人類漫長而陰暗的歷史，你會發現以服從之名犯下的駭人聽聞罪名，遠比在暴亂中犯下的罪名來得多。如果你懷疑這點，可以去閱讀威廉・夏伊勒（William Shirer）的《第三帝國興亡史》（*Rise and Fall of the Third Reich*）。德國軍官團在最嚴格的服從

紀律下磨練而成……以服從為名，他們參與了世界歷史上最邪惡的大規模行動，成為共犯。（P.24）

納粹對歐洲猶太人進行種族滅絕，有數千人以服從命令為名，執行這項令人憎惡的不道德行動。此種例子屬極端少數，但是在比較不極端的狀況下，這類行為卻一而再再而三地發生：一般民眾接到毀滅他人的命令時都會聽命執行，因為他們認為服從命令是他們的職責。服從權威長期以來一直被視為是一種美德，但一旦它成為罪惡的根源時，我們就不得不用新的角度來審視它；服從權威不僅不是美德，甚至成了可憎的罪惡。但事情真是如此嗎？

當命令與良知衝突時，我們是否應該服從命令？柏拉圖（Plato）曾經提出這個道德問題，而此問題後來亦體現於古希臘悲劇《安提戈涅》（*Antigone*）中，並成為每個歷史時期哲學分析的主題。保守主義哲學家認為，不服從會威脅社會的組織結構，即使權威下達的命令是邪惡的，執行命令也比損害權威結構好得多。英國政治哲學家霍布斯（Hobbes）進一步表示，該為行動負責的並不是執行者，而是下令的權威。但人文主義者主張個人良知在這類事情上有優先性，堅持兩者有衝突時，個人的道德判斷必須凌駕於權威之上。

服從的法律與哲學面向，意義固然重大，但是，以經驗為根據的科學家最終還是希望從抽象的論述，轉移到對具體事物仔細的觀察。為了仔細觀察服從行為，我在耶魯大學做了一次簡單的實驗。而這場實驗的規模愈見擴大，到了最後，總共有高達一千名以上的參與者，並在好幾所大學反覆進行。不過在一開始，實驗的概念其實很簡單：某人來到心理實驗室，他被告知要執行一連串的行動，而這些行動會逐漸與他的良知發生衝突。主要探討的問題是，受試者會服從實驗者的指示到什麼程度，而後才會拒絕執行自己被交付的指令。

以下提供更多關於實驗的細節，以幫助讀者了解。兩個人來到心理實驗室參與記憶與學習的研究。其中一人擔任「老師」（Teacher），另一人擔任「學習者」（Learner）。實驗者（Experimenter）向他們解釋這個實驗是要研究懲罰與學習的效果。學習者被帶到一個房間，坐在椅子上，手臂被綑綁起來以避免做出太大的動作，手腕上貼著電極。學習者被告知要學習兩兩成對的單字表，一旦犯了錯，就會遭到電擊，而且電擊的強度會一次比一次強。

實驗真正的焦點是老師。看到學習者被綑綁之後，擔任老師的受試者就被帶進實驗的主要房間，坐在醒目的電擊產生器前面。產生器的主要特徵是上面有一排三十個水平開關，從十五伏特到四百五十伏特，每個開關以十五伏特遞增。上面也有文字標示，從「輕微電擊」到「危險——嚴重電擊」。老師被告知要對隔壁房間的人進行學習測試。學習者給出正確回答時，老師就可以問下一個問題；如果答錯，老師則必須電擊學習者。一開始是最低的十五伏特，只要一犯錯就調高電擊強度，即三十伏特、四十五伏特，依此類推。

「老師」是貨真價實的受試者，完全被矇在鼓裡，單純來實驗室參與這次實驗。學習者，或者可說是受害者，其實是名演員，實際上並未遭受任何電擊。實驗的目的是要觀察在一個具體而可衡量的情況下，當一個人受命對一名大聲求饒的受害者施予逐步加強的電擊時，他會願意進行到什麼程度。又，在什麼狀況下，受試者才會拒絕服從實驗者的指令。

當接受電擊的人開始表示感到不適時，衝突便隨之產生。七十五伏特時，「學習者」嘴巴開始嘟囔著。一百二十伏特時會開口抱怨；一百五十伏特時，他要求停止實驗。隨著電擊的強度增加，學習者抗議的音量越來越大，聲音也越來越情緒化。到了二百八十五伏特的時候，他的反應只能以痛苦的慘叫來形容。

實驗觀察者坦承，親眼看著實驗進行的那種觸目驚心，單從文字描述是感受不到的。對受試者來說，臨場狀況可不是開玩笑；內心的衝突既強烈又明顯。一方面，學習者表現出來的痛苦，讓他想退出實驗；另一方面，實驗者卻又要求他繼續下去——實驗者的權威具有正當性，受試者覺得自己對實驗者負有責任。每當受試者對於施加電擊感到猶豫時，實驗者會命令他繼續下去。受試者若想擺脫這種狀況，就必須下定決心與權威決裂。此調查的目的就是想找出人們在面對內心的道德命令時，什麼時候會反抗權威，以及如何反抗權威。

當然，戰時遵從長官指示執行任務，與遵從實驗者命令，兩者之間有著極大的差異。但其中的關係本質是一樣的，因為兩者大體上都提出了相同的問題：如果具正當性的權威要求某人做出不利於第三人的事情時，那人該怎麼做？如果真要點出兩者有何差異，我們認為實驗者的權力明顯小於軍隊裡的帶兵官，因為前者沒有強制執行命令的權力，遑論心理實驗幾乎不可能出現戰時特有的緊急情勢，不需參與者將身家性命投入其中。不過儘管有著這些限制，我還是認為在這種一般性的狀況下仔細觀察服從是有用的，我希望這麼做能激發一點靈感，同時得出各種狀況皆適用的一般性論點（general preposition）。

讀者對於這個實驗的第一個反應往往是，他們搞不懂一個神智正常的人為什麼會按下第一個電擊鈕？怎麼不會斷然拒絕並離開實驗室呢？但實際上沒有半個人這麼做。由於受試者是來協助實驗順利進行的，因此十分樂意開啟這個程序，不認為有任何不尋常之處，況且受試者也認為接受電擊的人儘管看來有些恐懼，但基本上仍相當配合。真正令人驚訝的是一般人會服從實驗者的指示到什麼程度。事實上，實驗的結果讓人既驚訝又沮喪。儘管有許多受試者感受到沉重的壓力，也有許多人向實驗者表達抗議，但還是有很高比例的人持續按到最後一個按鈕。

不管被電擊的人如何哀求、看起來多痛苦，或如何懇求放他們出去，許多受試者依然服從實驗者的命令繼續電擊。我們在幾所大學重複進行實驗後，都觀察到了相同的現象。研究最重大的發現之一是，成年人極為願意依照權威的指示做事。這個事實亟需我們做出解釋。

一般普遍的解釋是，以最強的電流電擊受害者的人生性殘忍，這種人是喜歡施虐的社會邊緣人。但是，如果我們考慮到有將近三分之二的參與者是屬於「服從的」受試者，而這些人全來自於勞工、管理與專業階層的話，那麼前述的論點就非常站不住腳了。事實上，這很容易讓我們想起漢娜・鄂蘭（Hannah Arendt）一九六三年的作品《平凡的邪惡：艾希曼耶路撒冷大審紀實》（*Eichmann in Jerusalem*），這本書引發了不少爭議。鄂蘭認為，檢方極力將艾希曼形容成十惡不赦的怪物，這種做法根本是錯的；艾希曼應該更像是一名平凡無奇的官僚，他只是坐在自己的辦公桌前做自己的事。鄂蘭提出這樣的觀點後成為眾矢之的，甚至遭到誹謗。無論如何，人們認為艾希曼之所以會做出如此殘忍的行為，表示他有著野蠻、扭曲、以施虐為樂的人格，簡單地說，他根本是邪惡的化身。然而，在我們的實驗中，我們看到數百名普通人屈從於權威，因此，我必須下這樣的結論：鄂蘭提出的「惡的平庸」（banality of evil）概念，遠比一般人想像的更接近現實。一般人是基於義務感而電擊受害者，認為自己身為實驗的一份子，有責任這麼做，而在他們的背後，甚至沒有任何人威脅他們這麼做。

這或許是此研究得到的最根本教訓：一般人只是執行自己的工作，他們心裡並未懷抱任何惡意，卻可能成為恐怖摧毀過程的幫兇。不僅如此，即使他們對於自己的工作會造成何種毀滅性效果心知肚明，一旦上級下令要他們執行與基本道德標準相違的工作，也很少有人有足夠的力量違抗權威。各種防範不服從權威的禁令鋪天蓋地而來，使得基層的執行者往往不敢輕舉妄動。

舒舒服服坐在自家沙發上冷眼旁觀這一切的人，自然能輕易地譴責受試者服從權威。譴責的人以自己的能力為標準來衡量受試者，並提出一套高尚的道德命令。這很難說是公平的標準。許多受試者的想法與大眾輿論一致，強烈認為基於道德不該傷害那些無助的受害者。他們也跟一般人一樣，知道什麼該做，什麼不該做，當同樣的情況發生時，他們能把價值觀說得頭頭是道。然而在遭遇壓力的環境下，他們實際的行為卻與平日的價值觀脫節。

如果人們被問到，在這種情況下，依照道德判斷，什麼樣的行為才叫適當，大家會異口同聲地說，不服從權威才叫適當。但是，在真實情境發生的過程中，對人的行為造成影響的不只是價值而已。影響的力量來自光譜各處，人不只受到一種原因影響。許多人在行為時無法感知到自己的價值觀，因此即使他們不贊同自己的行為，卻還是依然持續下去。

個人道德感產生的力量，遠不如社會迷思的力量更讓我們信服。雖然「不可殺人」這樣的誡命在道德秩序中居於極高的位置，但在人類心理結構中卻不見得處於令人難以下手的相應地位。報紙頭條只要略微更動，加上兵役委員會的徵召，以及配戴肩章的上級長官所下的命令，要讓一個人殺害另一個人簡直易如反掌。即使是心理實驗中賦予的強制力，最終也能成功讓人脫離道德控制。透過有計畫的重構，資訊與社會領域可以相對輕易地移除道德因素。

那麼，究竟是什麼東西讓受試者服從實驗者？首先，有一套「結合要素」（binding factor）把受試者鎖定在情境中。這些要素包括個人的禮貌、想遵守最初對實驗者許下的協助承諾，以及退出實驗的尷尬。其次，受試者的內心做出了調整，使他無法下決心拒絕權威。這種內心的調整有助於受試者維持與實驗者的關係，同時也減輕了實驗衝突帶給他的壓力。這是服從權威者的典型思維，他們往往在權威的命令下對無助的個人做出不利的行為。

這種機制的做法之一，是讓個人專注於眼前狹窄的技術層次，而無法關注任務的全貌。電影《奇愛博士》（*Dr. Strangelove*）精采地諷刺轟炸機飛行員只專注於在某國上空投下核武的技術程序。實驗進行時的情況亦然，受試者把全副心思都放在程序上，清楚唸出兩兩成對的單字，然後小心謹慎地按下按鈕。他們想拿出良好的表現，卻反而忽略了道德關切。受試者把任務目標的制定與道德評估，完全交由他協助的實驗權威來決定。

服從的受試者最常見的想法調整，就是認為自己不用為自己的行為負責。他推卸責任，認為行動的策畫來自實驗者，也就是具正當性的權威。他不認為自己是負有道德責任的行為者，反而認為自己只是外在權威的代理人。在實驗後的訪談中，當受試者被問到為什麼繼續電擊時，典型的答案是：「這不是我做的決定。我只是奉命行事。」他們無法違背實驗者的權威，所以把所有的責任都歸給實驗者。在紐倫堡大審中，被告的辯詞正是「我只是奉命行事」，這種說法絕非捏造的託辭。相反地，當人們在權威結構處於從屬地位時，絕大多數的人都會採取這種根本性的思維模式。服從權威造成的最深刻影響，就是責任感的喪失。

雖然人們在權威之下做出了有違良知的行為，但不代表這些人就喪失了道德感。他們仍有道德感，只是焦點完全改變。他們回應的不是自身行為引發的道德情感，而是要怎麼做才能合乎權威對自己的期待。在戰爭時期，士兵不會質疑轟炸小村子是對還是錯；摧毀村子時亦不會感到羞恥或罪惡：相反地，士兵們的自豪或羞恥完全取決於自己能否成功執行上級交代的任務。

在這種情境中，還有另一種心理力量，我們可以稱之為「反擬人論」（counteranthropomorphism）。數十年來，心理學家不斷討論人類的一種原始傾向——人類會將無生命的事物賦予人類的特質。然而，還有一種相反的傾向，亦即將本質上源自於人且受人主導的事物，賦予非人的特質。有些人把人類起源的體系視為人力無法控制的事物，非人類的思想與感情所能主導。在這些機構與體制背後的人類要素完全遭到否定。因此，當實驗者說，「實驗**要求**你繼續電擊，」受試者會覺得這不完全是人類決定的命令。他不會問下列這些看似明顯的問題，「誰的實驗？為什麼設計實驗的人要讓受害者承受這種痛苦？」人（即實驗設計者）的願望變成了某種心理圖式，對受試者的心靈施加非人的力量。「**必須**要持續下去。『**必須**』持續下去不可，」某個受試者喃喃重複著這句話。他未能察覺到，整個實驗是某個跟自己一樣的人在操控著。對受試者而言，人類的要素已經從畫面中消失，「實驗」本身獲得了非人的動力。

行動本身不具有永恆不變的心理性質。行動的意義會因所處脈絡的不同，而出現很大的變化。一份美國報紙最近引用了一名飛行員的供述，他坦承，美國人的確轟炸了越南的老百姓，甚至包括小孩，但轟炸本身是為了「高尚的目的」，因此是合理的。同樣地，實驗中絕大多數的受試者都認為自己的行為從大脈絡來看，對社會是有利且有用的——追求科學真理。心理實驗室強烈主張自身的正當性，獲得前來參與實驗的人的信任，使他們充滿自信。對人施予電擊，獨立來看，這麼做是邪惡的，然而一旦擺放在實驗的脈絡裡，就得到了完全不同的意義。但是，如果只以脈絡為標準來決定一項行為能否得到允許，卻完全不考慮它對人類造成的危害，這樣的做法是極度危險的。

在德國，至少有一種情境的本質特徵是本書未曾討論的——亦即，在傷害受害者之前，先嚴厲地貶損受害者的價值。大約有十多年的時間，德國不斷出現強大、有系統的反猶太宣傳，使德國人接受毀滅猶太人的合理性。之後一步接著一步，猶太人先是被褫奪公權，再來被剝奪國民身分，最後連當人的資格都沒有。有系統地貶低受害者，為戕害受害者提供心理上的藉口，往往會引發屠殺與戰爭。在這種狀況下，如果我們再把受害者描繪成罪無可逭的罪犯或變態，相信受試者對於按下電擊鈕，一定更無懸念。

然而，更重要的是，許多受試者在電擊受害者**之後**，會毫不客氣地貶損受害者。例如，「他實在太笨也太頑固，被電幾下是應該的。」這種話是最常見的。在電擊受害者之後，受試者往往覺得有必要把受害者視為無價值之人，認為受害者有著智能與性格上的缺陷，所以受罰乃是無可避免的。

實驗中的受試者就某種意義來說，其實是反對自己對學習者施予電擊的。許多人即使服從權威，但嘴巴上還是會抗議幾句。然而，在想法、言語、採取行動反對帶有惡意的權威之間，存在著另一項要素，那就是把信念與價值轉化成行動的能力。有些受試者打從心裡認定這麼做是錯的，卻無法公開與權威決裂。有些人從自己的想法中獲得滿足，他們認為自己站在善的一邊（至少他們心裡覺得這麼做是錯的）。這些受試者沒搞清楚一件事，只要他們不採取行動，他們內心主觀的感受與眼前的道德爭議，就不會有太大的關聯。政治控制必須透過行動才能生效。集中營的衛兵允許無辜者在自己面前遭到屠殺，那麼無論他們心中抱持著什麼樣的態度，其實都無關緊要了。同樣地，在歐洲占領區進行「思想抗爭」（占領區的人經過一番思想的轉折，認為自己對入侵者做出了反抗行為），其實只是縱容自己而做的心理安慰罷了。怯懦只會讓暴政延續下去，因為沒有人有勇氣實踐自己的信念。在實驗中，經常可以看到有人否定自己做的事，但這些人卻無法聚集內在力量，將自身的價值轉化成行動。

我們對基本的實驗內容做了一些調整，試圖凸顯這種兩難的情況：受試者不需要按下電擊鈕，只要從事輔助行為（用單字表進行提問），然後再由另一名受試者按下電擊鈕。在這種狀況下，紐海芬四十名成年人中，有三十七名持續按到強度最強的電擊鈕。不難想見，受試者一定會把自己的責任推給實際執行電擊的人。這種現象可以解釋複雜社會中典型的危險狀況：當人在整個邪惡行為鏈中只擔任某個環節，且距離行動的最終結果很遠時，人在心理上很容易忽視自己應負的責任。即使是艾希曼，他在巡視集中營時感到作嘔，但在整個大屠殺中，他參與的部分不過是坐在辦公桌前處理文件。至於實際在集中營裡把毒氣罐丟進毒氣室的人，則是以奉命行事來為**自己**開脫。因此，人類行為變得四分五裂。決定實施邪惡行為的人並未親眼目睹行為的結果；該為行為負責的人居然人間蒸發。或許這就是現代社會裡「社會組織邪惡」最普遍的特質。

因此，服從的問題不光只是心理的問題。它也跟社會的形式、形貌以及社會發展的方式息息相關。或許過去曾有一段時期，人可以對任何情境投以充滿人性的回應，因為當時的人是以身為一個人的姿態，投身於每一個情境之中。一旦人與人之間開始分工，情況就改變了。在越過了某個臨界點後，社會便崩解成每個人只執行狹隘且細瑣的工作，因此人的工作與生活不再具有人性的特質。人無法看見情境的全貌，只能窺見其中一小部分，因此必須接受全面的指揮引導才能行動。人屈服於權威，但這麼做無疑是與自身的行動異化了。

英國作家喬治・歐威爾（George Orwell）捕捉了這個情境的本質，他寫道：

> 在我寫作的此時，高度文明的人類正從我頭上飛過，企圖殺死我。他們並不是對我具有敵意，我也不仇視他們。正如我們常說的，他們只是「完成他們的工作」。我相信，他們絕大多數都是仁慈且奉公守法之人，他們私底下生活絕不會想到殺人。但反過來說，如果他們其中一人成功地把炸彈投到正確的地點，把我炸得粉身碎骨，那人晚上也仍舊會睡得香甜。

第 二 章

研究方法

Method of Inquiry

簡單明瞭是促成科學研究有效的關鍵。與心理學內容有關的主題尤其如此。心理學內容的本質難以觸及，它擁有許多面向，初次觀察往往無法面面俱到。複雜的程序只會妨礙清楚觀察現象。研究服從，最簡單的方法是創造一個情境，由一個人命令另一個人從事一項可觀察的行動，而我們必須記錄在什麼情況下，人會服從命令；又，在什麼情況下，人不會服從命令。

如果我們要衡量服從的強度，以及在什麼情況下服從的態度會改變，我們必須引進不服從的有力因素，從服從與不服從的對抗中，可以方便我們了解人性的意義。

在所有的道德原則中，最為人所接受的是：人不應該傷害一個對自己無害又無威脅的無助者。這個原則就是我們用來反對服從的力量。

來到實驗室的人，我們會命令他們傷害他人，而且傷害的程度會逐漸加大。因此，不服從的壓力會逐漸累積。在某個未知的時點，受試者也許會拒絕執行命令，退出實驗。拒絕執行以前所做的行為，我們稱之為「服從」。拒絕執行本身是「不服從」的行為，隨著電擊命令一次又一次的下達，電擊強度不斷提升，不服從只是遲早的事。

如何對受害者施加痛苦，這部分其實不是實驗的重點。基於技術上的理由，電擊的過程將成為研究的焦點。這麼做是適切的，首先，受試者容易理解電擊強度由弱而強的意義；其次，電擊與實驗室的科學氣氛相當契合；最後，在實驗室裡模擬電擊相對來說較為容易。

接下來讓我們詳細描述調查的細節。

受試者的取得

耶魯大學生就在近處且容易召集，是最現成的研究受試者。而且，心理學實驗傳統上都是以大學生為實驗對象。不過以這次實驗來說，從菁英機構選取大學生似乎不是那麼合適。耶魯的大學生很可能從其他已經參與過的同學得知這場實驗，因此以他們為受試對象的風險很大。比較好的做法是從更大的來源選取樣本，例如整個紐海芬的三十萬人口。其次，還有另一個理由促使我們以紐海芬而非耶魯為來源：大學生是個同質性很高的群體。他們幾乎全是二十歲上下的年輕人，擁有高智商，而且熟悉心理學實驗的內容。我希望取得內容更多樣的受試者，最好能反映出廣泛的階級背景。

為了徵求受試者，我們在當地報紙刊登廣告，找各行各業的人來參與這場記憶與學習的研究，參與者可以獲得四美元的酬勞與五十美分的車馬費，實驗為時一小時（見圖一）。總共有兩百九十六人回應。由於這樣還無法滿足實驗所需的人數，所以我們另外採取直接郵寄招募的方式來補足。我們從紐海芬電話簿裡隨機挑選寄件對象，一共寄出了數千封信件。回函率將近百分之十二。我們根據回應者的性別、年齡與職業整理成受試者群體資料，在實驗前幾天與參與者約好時間地點。

典型的受試者是郵局員工、中學老師、業務員、工程師與勞工。受試者的教育程度很廣，有未讀完中學的人，也有擁有博士學歷及其他職業證照的民眾。考慮實驗條件時（以基本實驗為基準，然後稍做變化），一開始我認為應列入每個條件，並讓這些條件保持平衡，例如年齡與職業類型，這點相當重要。每次實驗的職業組成如下：工人，分為有技術與無技術，占百分之四十；白領階級，分為業務員與商業人士，占百分之四十；專業人士，占百分之二十。這三種職業又與三種年齡層交錯（每次實驗條件規定，二十幾歲、三十幾歲與四十幾歲的受試者分別占百分之二十、四十與四十）。

徵人啟事

記憶研究需要人手　時薪四美元

☾ 我們需要五百名紐海芬市居民協助我們進行一項有關記憶與學習的科學研究。這項研究將在耶魯大學進行。

☾ 每個參與者參加研究的時間約一小時，酬勞四美元（外加五十美分的車馬費）。我們只會占用您一小時的時間，沒有額外的要求。您可自由選擇方便的時間前來（晚上、平日或週末）。

☾ 毋須受過特別的訓練、教育或經驗。我們需要的是：

・工廠工人	・商人	・建築工人
・市府僱員	・文書人員	・業務員
・勞工	・專業人員	・白領員工
・理髮師	・接線生	・其他

年齡必須在二十歲到五十歲之間。恕不接受高中生與大學生。

☾ 如果您符合以上條件，請填寫下方的報名表，寄給紐海芬市耶魯大學心理系史丹利・米爾格蘭教授。之後我們將會寄發通知，告訴您研究的時間與地點。我方保有篩選人選的權利。

☾ 您一抵達實驗室，我們就會支付酬勞四美元與車馬費五十美分。

康乃狄克州紐海芬市耶魯大學心理系史丹利・米爾格蘭教授收

我想參加這次的記憶與學習研究。我的年齡在二十到五十歲之間。如果我參與這項研究，我將獲得四美元的酬勞與五十美分的車馬費。

姓名：（請用印刷體）..........

地址：..........

電話號碼：..........　方便連絡的時間：..........

年齡：..........　職業　：..........　性別：..........

你能參與的時間：

平日..........　晚間..........　週末..........

圖 1 | 在當地報紙刊登的徵人廣告

場所與人員

這場實驗是在耶魯大學一流的互動實驗室進行的。地點的選擇關係著實驗的正當性。之後的實驗曾做了一些調整，舉行實驗的地點也不在大學裡（見第六章）。實驗者的角色由一名三十一歲的高中生物老師扮演。在實驗過程中，他總是不帶感情，表情也一直保持嚴肅，身上穿著灰色技師工作服。受害者則由一名四十七歲的會計師飾演，為了演好這個角色，他還受過訓練；他是愛爾蘭裔美國人，絕大多數的觀察者都覺得他個性溫和而討人喜歡。

程序

每一場實驗有一名不知道真實情況的受試者與一名受害者參與。必須先向不知道真實情況的受試者說明施行電擊的理由，好讓施行電擊具有正當性。（這點很重要，必須讓從屬者看到特定權威與權威發布的命令之間具有某種關聯性——無論這個關聯性有多

扮演「受害者」的男士

薄弱——才能讓權威具有正當性。）實驗者對受試者說明實驗的內容，讓他們明白自己希望透過下列指示來評估服從：

心理學家提出了幾種理論來解釋人類如何學習各種不同類型的知識，這本書裡就提到了一些著名的理論。〔實驗者向受試者展示一本關於教學過程的書。〕

其中一種理論提到，人一犯錯就施以懲罰，可以讓人正確地學習事物。

這種理論的運用非常普遍，孩子做錯事，父母打孩子屁股，就是這種理論的具體展現。

這種理論預期打屁股（也就是某種形式的懲罰）可以讓孩子記得更清楚，更有效地學習。

然而實際上，懲罰對學習的效果如何，我們所知甚少，我們尚未就這方面對人類進行真正的科學研究。

舉例來說，我們不知道多大程度的懲罰對學習最有利，我們也不知道誰來懲罰是否會造成很大的差異，例如由比自己年輕的人來懲罰效果較好，還是由比自己年紀大的人來懲罰效果較好等諸如此類的問題。

所以，在這次研究中，我們找來了各種職業與各種年齡的成年人。我們要求其中一些人擔任老師，一些人擔任學習者。

我們想知道，擔任老師與學習者的人不同，對彼此的影響是否有差異，而在這種情況下，「懲罰」對學習會產生什麼效果。

因此，今晚在此我會要求你們其中一人擔任老師，另一人擔任學習者。

你們是否有人特別想擔任其中一種角色？

〔受試者與假受試者可以表達自己想當老師還是學習者。〕

嗯，我想最公平的方式莫過於在紙條上寫下「老師」，在另一張紙條上寫下「學習者」，然後讓你們兩位抽籤。

〔受試者先抽，假受試者後抽。〕

那麼，你們抽到了什麼呢？

好，現在我們要做的第一件事就是對學習者做一些安排，讓他在答錯時接受某種形式的懲罰。

接下來請你們跟我到隔壁房間。

其實紙條已經動了手腳，受試者不管怎麼抽都會是老師，假受試者一定都是學習者。（兩張紙上寫的都是「老師」。）抽籤之後，老師與學習者被帶到隔壁房間，並用皮帶將學習者綑綁在「電椅」上。

實驗者表示，用皮帶綑綁是為了避免學習者被電擊時做出過大的動作。皮帶的效果似乎在暗示學習者，逃避懲罰是不可能的。電極貼在學習者的手腕，抹上電極糊以「避免起水泡與灼傷」。受試者被告知電極連結著隔壁房間的電擊產生器。

為了增加可信度，實驗者會特別回應學習者提出的問題，答道：「雖然電擊可能令人極為痛苦，但絕不會造成永久性的身體傷害。」

學習任務

受試著進行的課程是學習兩兩成對的字彙。受試者會朗讀一連串成對的字彙給學習者聽，然後再複述成對字彙的第一個字與其他四個字。舉例來說，受試者會朗讀以下成對的字彙，如：

blue box

nice day

wild duck

然後，在測驗時他會朗讀：

blue: sky ink box lamp

學習者要指出這四個字當中，哪一個才是原先與blue搭配的字。學習者回答時要從眼前的四個按鈕選擇一個按下。按下按鈕之後，電擊產生器上方答案箱的四個號碼燈會有一個亮起。

電擊產生器

儀器面板有三十個控制鈕，排成一橫列。每個鈕都清楚標示電壓，從十五伏特到四百五十伏特。控制鈕的電壓由左往右遞增，每往右移一個鈕就增加十五伏特。此外，在電壓後面還有其他的文字標示，由左至右每四個鈕歸為一組，每一組都有文字說明：輕微電擊、中度電擊、強烈電擊、非常強烈電擊、劇烈電擊、非常劇烈電擊、危險：嚴重電擊。在「危險：嚴重電擊」這個標示後面還剩兩個按鈕，上面只標記著XXX。

每個按鈕各有對應的信號燈，按下按鈕會發出亮紅色的燈光；你可以聽到電流通過的嗡嗡聲；「電壓充電器」的藍燈閃爍著；電壓表的刻度盤讀數落在最右方；儀器不斷產生各式各樣的聲響。

產生器的左上角依序標示著：電擊產生器，機型ZLB，戴森儀器公司，麻州沃爾瑟姆，輸出15-450伏特。

體驗電擊

每個受試者在開始擔任老師之前，必須先實際體驗電擊的感受。受試者體驗的電擊強度是四十五伏特，也就是電擊產生器的第三個按鈕。電擊的部位是受試者的手腕，而電擊的震撼會使受試者對於電擊產生器的真實性深信不疑。

電擊指示

受試者必須在學習者答錯時給予電擊。不僅如此——這是最關鍵的——受試者得到的指示是，「學習者每答錯一次，電擊的強度就要調升一級。」另一項指示是他在電擊之前必須宣布電擊的強度。這可以提醒受試者，他對學習者施加的電擊強度正不斷增加。[1]如果受試者來到第三十級的電擊強度（四百五十伏特），那麼實驗者就會指示他繼續以最強的電壓進行這場實驗。等到以最強的電壓又做了兩次電擊之後，實驗者便會宣布實驗停止。[2]

實驗回饋

在實驗的過程中，受試者會向實驗者徵詢是否該繼續電擊。受試者也可能表達不想再繼續這場實驗。

實驗者會用連珠炮式的「催促」指令要求受試者繼續，而且會不斷催促，直到受試者就範為止。

催促1：請繼續或請持續。

催促2：實驗需要你繼續配合。

催促3：你的繼續是絕對不可或缺的。

催促 4：你沒有別的選擇，你「必須」繼續下去。

這些催促指令是接續的：唯有在催促 1 不管用時，才會動用到催促 2。如果實驗者發出催促 4，受試者依然拒絕服從，實驗就會終止。實驗者的語氣從頭到尾都是堅定的，但不會不禮貌。只要受試者在服從命令上表現出猶豫或不願意的樣子，實驗者就會發出催促指令。

1 「預備與正式進行」。從預備階段可以看出，朗讀字彙與進行電擊的程序需要經過一定程度的練習才能運作順暢。因此，在正式實驗開始前，先讓老師朗讀十個字彙給學習者聽。練習的結果，中性字彙有三個（亦即，學習者答對的字彙有三個），答錯的字彙有七個，所以電擊的最大強度將來到一百〇五伏特（屬於中度電擊）。幾乎所有受試者在經過預備階段之後都已熟悉整套操作流程。接下來，受試者拿到第二份單字表，並且告訴受試者，整套流程跟第一次一樣；但實驗者會補充說：

單字表念完之後，再重頭念一遍，並且持續給予電擊，直到學習者正確學會所有成對的字彙為止。

實驗者也會要求受試者：

從十五伏特開始，學習者每答錯一次，就提升一次電擊強度。

2 受試者就算來到了第三十級的電擊強度，也沒有人停止實驗。

特殊的催促指令

如果受試者問，學習者會不會受到永久性的身體傷害，實驗者會這麼回答：

雖然電擊會造成痛苦，但絕不會造成永久性的身體傷害，所以請繼續。（如有必要，會再發出催促2、催促3與催促4。）

如果受試者說，「學習者」不想繼續，實驗者會這麼回答：

無論學習者喜不喜歡，你都必須繼續下去，直到他正確學會所有的成對字彙為止。所以請繼續。（如有必要，會再發出催促2、催促3與催促4。）

受害者的回饋

學習者回應字彙測驗的方式其實早在實驗開始前就已經決定，答錯與答對的次數大約呈三比一。

受害者的回應是實驗的關鍵元素，因此在執行上必須小心謹慎。在初探性的研究中，一開始並未使用受害者的聲音回饋。當時認為光靠控制面板上的文字與電壓標示就能產生足夠的壓力讓受試者停止服從。然而，實際上並非如此。在初探性的研究中，少了學習者的抗議，幾乎每個受試者在接到命令後都會毫無顧慮地一路將電擊強度提高到最強等級，完全無視面板上的文字與電壓標示。這種狀況動搖了我們原本用來衡量服從傾向的適當基礎。我們必須引進新的力量來強化受試者，使他們能拒絕實驗者的命令，並且從停止實驗的控制鈕位置分布，看出個別的差異。

新的力量就是受害者的抗議。起初，我們使用溫和的抗議，但這麼做顯然不適當。之後，我們讓受害者在實驗過程中更用力地抗議。令我們驚訝的是，即使是最強烈的抗議也無法讓眾多受試者不服從實驗者的命令，他們仍然將懲罰強度升到最高。但是，抗議的確使達到最強電壓的平均次數稍微降低，並且讓受試者的行為產生了若干差異；因此，我們把受害者的叫聲錄起來，列為正式實驗程序的一部分。

這種狀況不僅凸顯要設計出可行的實驗程序在技術上必須面臨許多困難，它也顯示受試者比我們想像的還要來得服從權威。另外，這種狀況也指出受害者的回饋具有重要性，足以左右受試者的行為。

受害者每一次的聲音回應，會隨著電擊強度的高低而有所不同。我們很難用文字傳達受害者回應的完整意義，因為我們沒有恰當的標記方式來顯示受害者聲音的強度、發出聲音的時機以及是否有效傳達了抗議。一般來說，電擊強度一直要到七十五伏特時，受害者才會表現出不適的樣子，此時，受害者的表現通常是輕輕地叫幾聲。後來的九十與一百〇五伏特，反應也跟七十五伏特差不多，到了一百二十伏特時，受害者會對實驗者大叫，表示電擊讓他感到疼痛。一百三十五伏特時會聽到受害者痛苦的哀嚎，而到了一百五十伏特，受害者會大叫說，「實驗者，讓我離開這裡！我不想再進行實驗！我拒絕繼續實驗！」這種喊叫會持續增強，到了一百八十伏特，受害者會叫說：「我受不了了！」而到了兩百七十伏特，他對電擊的反應是一陣掙扎痛苦的尖叫聲。總之，從一百五十伏特起，受害者開始堅持要離開實驗。三百伏特時，受害者會拚了命地吶喊，表示他不會再回答記憶測驗的問題。

我們發現受試著通常會在這個時候請示實驗者。實驗者會指示受試者，把不回答當成答錯，並且依照既定的規則電擊受害者。實驗者告訴受試者，他有五到十秒鐘的時間考慮將不回應當成錯誤的答案，並且在學習者無法正確回答時繼續逐一地提高電擊強度。到了三百一十五伏特，受害者在猛烈放聲大叫之後，再度強烈表示他想退出實驗。他不再回答問題，只有在遭電擊時發出痛苦的叫聲。三百三十伏特之後，已經聽不見他的聲音，信號燈也未顯示答案。

測量

我們測量受試者的方式，是以他放棄實驗之前給予的最大電擊強度為數值。原則上，這個測量數值是從零級（受試者從一開始就拒絕給予電擊）到三十級（受試者一直按到強度最強的電擊鈕）。

訪談與聽取報告

實驗最後還有一項程序十分重要。在實驗結束後，必須向所有受試者詳細說明。每次實驗的確切內容都不太一樣，而隨著實驗者經驗的增長，也會影響實驗的過程。但最起碼的，我們會告知受試者，受害者其實並未遭受危險的電擊。每個受試者都會與未受傷害的受害者進行友善和解，而且可與實驗者進行廣泛討論。我們也會向不服從的受試者解釋實驗內容，並贊同他們不服從權威的決定。至於服從的受試者，我們則會安慰他們，解釋這樣的行為完全是正常的，而他們在電擊時內心的天人交戰，我們在一旁也能感受得到。我們會告知受試者，在這一系列的實驗結果出爐之後，會將完整的報告寄給他們。有時候，有些受試者會需要更詳盡的細節與討論。

實驗結果出來，受試者會收到一份書面報告，裡面詳細說明實驗的程序與結果。我們會以尊敬的態度看待受試者在實驗中的表現，而他們的行為也會得到我們的重視。所有的受試者會收到一份問卷，內容是關於他們參與研究的過程，這份問卷可以讓受試者針對自己的行為表達看法與抒發感受。

電擊產生器

受害者被綑綁在椅子上

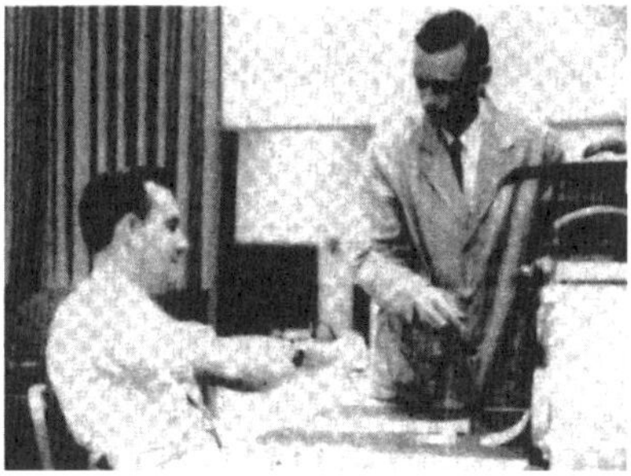

受試者實際體驗電擊

受試者停止實驗

重述要點

在實驗中，受試者面臨著兩種彼此互不相容的需求所造成的衝突，而這兩種需求都是社會生活的一環。受試者可以繼續服從實驗者的命令，以越來越強的電壓電擊學習者，他也可以選擇聆聽學習者的懇求，拒絕服從實驗者的命令。實驗者的權威並不是在毫無阻礙的領域中發號施令，他也必須時時面對受懲罰者越來越強大的反對壓力。

這場實驗使我們獲得一項研究架構，透過這個架構使我們看到受試者在實驗中面對重大衝突的反應。這項衝突來自於實驗者的需求（要求受試者繼續電擊）與學習者的需求（要求實驗停止的訴求越來越強烈）之間的牴觸。這場實驗的重點在於有系統地找出能改變受試者服從程度的因素，了解在什麼狀況下最可能服從權威，或是最可能不服從權威。

這場實驗把外在廣大世界的服從元素予以濃縮集中，把其中的核心要素引進到相對狹小的實驗室裡，使我們能進行科學調查。這場實驗的力量來自於我們可以觀察，而受試者可以實際體驗敵對的兩種力量同時作用對抗的過程。在外在廣大的世界裡，受試者幾乎不可能同時體驗到兩種力量匯聚在自己身上。

第 三 章

預期行為

Expected Behavior

社會科學作品太常因為提出的發現具有不證自明的性質，而在價值上大打折扣。不過，我們的確不太清楚究竟人們如何預期在特定環境下行為會如何演變。如果我們知道這點，我們就可以比對研究的實際結果與人們預期的行為。而這也可以提供我們一個標準，讓我們評斷從實驗中得到的成果的多寡。此外，在人們預期的結果與實際發生的結果之間應該存在著差異，我們因此必須解釋落差這個有趣的問題。而由於預期本身也會產生錯覺，所以我們必須要問，錯覺的產生是否來自於偶然表現出來的無知，抑或是履行社會生活職能的結果。

取得這類預期的程序相當簡單。在每個例子裡，受試者是由聽眾組成，這些聽眾聆聽的主題就是服從權威。聽眾會知道實驗的細節，但實驗的結果無論如何不會向他們揭露。聽眾會拿到一張電擊產生器示意圖，上面標明了文字與伏特數（見圖二）。每個受試者都被要求思索這個實驗的內容，然後要他們祕密地記錄自己會怎麼進行這項實驗。有三個團體做了預測，分別是精神科醫師、大學生與來自各行各業的中產階級成年人。

表一簡要表示了這些團體預測的停止點。

全部共一百一十名受試者，每個人都認為自己在一連串的命令下會在某個點不服從

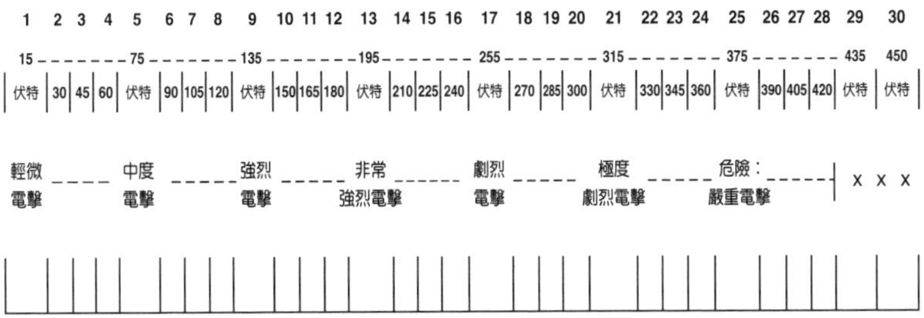

圖 2 | 控制面板示意圖

實驗者的命令。而他們解釋自己不服從的典型理由是：

「……我自己很怕被電，我沒辦法對抗議的人施予電擊，因為我這麼做會造成對方痛苦。我沒辦法存心傷害一個完全陌生的人。」（最大強度：九十伏特）

「我認為不管是什麼實驗，都不應該電擊人。從受試者的反應可以得知，他感到十分痛苦。我不能繼續施加痛苦。受試者堅持要離開實驗，我完全尊重他的判斷。」（最大強度：一百三十五伏特）

「……我不忍心看到有人受苦。如果學習者想離開，我會讓他走，這樣他就不用受苦。」（最大強度：一百五十伏特）

「……由於受試者是自願的，我也是自願的，而實驗者對我並不具有權威，因此當受試者承受到一定程度、要求離開時，就應該讓受試者離開，而我也會讓他離開。」（最大強度：一百五十伏特）

「我停止的原因是受試者因疼痛而大叫。我知道自己抓破膝蓋時是什麼感受，因此我對學習者感到同情。」（最大強度：一百八十伏特）

這些受試者以為自己會基於同情、憐憫與正義感而做出反應。他們先提出一個可取的說法，然後以為自己會根據這個說法採取行動。這些人顯然輕乎了在真實社會情境中運作的力量之網。

或許問他們這樣的問題並不公平。人總是從有利的角度看自己。所以我們應該問稍微不同的問題，以去除掉虛榮心造成的偏誤。我們要求他們預測別人會怎麼做。（這一次的做法更為明確，我們要求他們針對一百名不同年齡與職業的美國人做出預測，把他們停止點的分布狀況畫出來。）回答這個問題的有精神科醫師、攻讀行為科學的研究生

表 1 | 個人預測他們自己的停止點

電擊強度	文字標示與伏特數	精神科醫師	大學生	中產階級成年人
		（n=39）*	（n=31）	（n=40）
	輕微電擊	2+	3++	
1	15	1		
2	30			
3	45			1
4	60	1		1
	中度電擊			
5	75	6	4	7
6	90	1	3	1
7	105	4		1
8	120	4	1	3
	強烈電擊			
9	135	1	3	2
10	150	14	12	9
11	165		1	2
12	180	2	6	3
	非常強烈電擊			
13	195	2		1
14	210		1	
15	225			1
16	240			1
	劇烈電擊			
17	255			1
18	270			
19	285			
20	300	1		3
	極度劇烈電擊			
21	315			
22	330			
23	345			
24	360			
	危險：嚴重電擊			
25	375			
26	390			
27	405			
28	420			
	XXX			
29	435			
30	450			
	平均最大電擊強度	8.20	9.35	9.15
	預測不服從的百分比	100.00%	100.00%	100.00%

＊ n 指的實驗狀況下的受試者人數

＋ 這些受試者表示他們連最低的電擊都拒絕執行。

＋＋ 同上

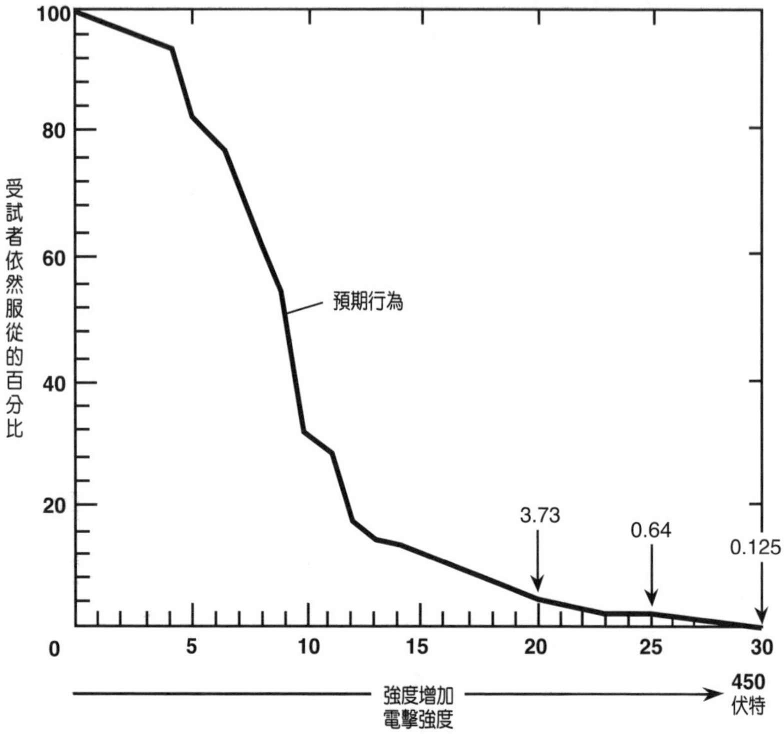

圖 3 | 精神科醫師在聲音回饋實驗中所做的行為預測

與大學生、大二生與中產階級成年人，其中有幾個團體的預測極為類似。他們預測實際上所有的受試者都會拒絕服從實驗者；他們也預測會持續電擊到最高強度的受試者，可能具有病態的邊緣人格，這種人應該不超過百分之一到二。精神科醫師的預測詳見圖三。他們預測絕大多數的受試者不會超過第十級的電擊強度（一百五十伏特，也就是受害者第一次明確表示想脫離實驗的時候）；大約百分之四會達到第二十級，會持續到最高強度的受試者大概只有千分之一。

這些預測背後的根據是什麼？首先，這些人大體來說都是循規蹈矩的人，他們不會隨便傷害無辜的人。其次，除非受到有形力量或威脅的逼迫，否則每個人的行為都是自己決定的。一個人會做出特定的行為，是因為他「決定」這麼做。行動發生在可見的社會環境裡，社會環境只是行為發生的舞台。行為本身源自於人的內心；人的內心會權衡個人的價值，評估滿意的程度，等到做成決定後再付諸實踐。

當被要求思索服從實驗的內容時，絕大多數人一開始都會採取這樣的思維。他們只注意到獨立自主的個人的性格，而忽略了人所處的環境。由於採取這樣的思考進路，因此絕大多數人都傾向於預期只有極少數人才會死心塌地聽從實驗者的命令。

第四章

接近受害者

Closeness of the Victim

現在讓我們看看實驗中受試者的實際表現。一開始，我們要思考遠端回饋版本（實驗一）的結果。遠端回饋版本與一般狀況略有不同，因為聽不見受害者的口頭抱怨。受害者被安置在另一間房間，受試者看不見受害者，也聽不見他的聲音；受害者的回答無聲地在信號箱上亮起。然而，三百伏特時，實驗室的牆壁發出聲響，那是受害者抗議敲打牆壁的聲音。三百一十五伏特後，解答未再出現，敲打牆壁的聲音也停止了。

透過本書重現受試者不服從命令時說的話，可以對我們產生一些啟示，以下這些文字便是從錄音帶聽寫下來的：

「我想他試圖要溝通，他正在敲……電擊這個人並不公平……這幾次電擊的電壓很強，我認為這麼做很不人道……喔，我無法繼續下去了；不，這麼做是不對的。這場實驗糟糕透頂。那個人在那裡受苦。不，我不想繼續下去。這簡直瘋了。」（受試者拒絕再進行電擊。）

「他發出砰砰的聲音。我不敢再繼續下去了。我想繼續，但我不能對那個人做這種事……我很抱歉，我不能再電擊他，我會害他心臟病發。你把支票拿回去吧……不，真的，我不幹了。」

在四十名受試者中，有二十六名服從實驗者的命令到最後，他們持續懲罰受害者，直到他們按下電擊產生器上級數最高的按鈕為止。當四百五十伏特的按鈕按了三次之後，實驗者宣布實驗停止。

受試者經常處於焦慮狀態。有時候口頭上的抗議非常輕微，而受試者已經從電擊產生器前方的椅子起身，顯示想離開實驗室。有些服從的受試者表現出不願按下超過三百伏特電擊鈕的樣子，他們流露出來的緊張與不服從實驗者的人類似。

進行最高等級的電擊之後，實驗者停止實驗，許多服從命令的受試者鬆了一口氣，他們擦拭自己的額頭，用手指揉揉自己的眼睛，或者是緊張地四處尋找香菸。有些人搖搖頭，顯然感到後悔。有些受試者在實驗中一直保持冷靜，從開始到最後幾乎沒有露出緊張的神態。

更接近受害者

實驗與證明不同。在實驗中，一旦觀察到某個效果，就可以有系統地修改產生效果的條件，以這種方式來得出相關的原因。

到目前為止，我們看見的只適用於受害者隔離於我們的視線與聽覺之外的狀況。接受懲罰的人因此離我們很遙遠，他無法非常清楚地表達他的要求。即使牆壁傳出撞擊的聲音，但這個聲音蘊含的意義相當模糊；有些受試者可能不會把撞擊聲解釋成受害者痛苦的證據。受試者往後仍繼續服從命令，或許可歸咎於此。或者，如果受害者可以更清楚地傳達痛苦，受試者就不會再服從命令；亦即讓受害者獲得存在感——被看見、被聽見以及被感受到。

我們進行初探性研究時記錄的行為，顯示這樣的觀念是可行的。在這些研究中，受試者可以透過鍍銀玻璃隱約看見受害者。受試者經常會將眼神別開，避免看見自己電擊的對象，而他們也經常笨拙地轉動自己的頭部。一名受試者解釋說，「我不想看到我造成的後果。」觀察者指出：

……受試者不太願意看到受害者，他們可以從前方的玻璃看見對方。當受試者發現這件事時，他們表示，看到受害者痛苦的樣子讓他們很不自在。然而，我們注意到，雖然受試者不想看到受害者，但他們還是繼續施予電擊。

這說明受害者的具象化，或多或少能讓受試者有所節制。如果受試者為了服從實驗者的命令，而不得不避免看見受害者，那麼反過來是否也是如此？如果受試者能越來越清楚地看見受害者，受試者是否會因此越來越不願意服從命令？為了回答這個問題，我們安排了四場實驗。我們先前已經描述了實驗一，也就是遠端回饋的版本。

實驗二（聲音回饋）與實驗一大致相同，唯一的差異是引進聲音抗議。與第一次的實驗條件一樣，受害者待在隔壁房間，但透過實驗室牆壁可以清楚聽見受害者的抱怨聲。

實驗三（近端回饋）類似實驗二，唯一的差異是受害者與受試者待在同一個房間裡，兩人只距離數呎。因此，受試者不僅能聽見受害者，也能看見受害者。而在實驗中，聲音的提醒依然持續著。

實驗四（近端觸摸回饋）與實驗三大致相同，唯一的差異是受害者必須把手放在電擊盤上才會受到電擊。一百五十伏特時，受害者要求鬆綁，而且拒絕把手放到電擊盤上。實驗者會命令受試者強迫受害者把手按在電擊盤上。於是，在這種狀況下，服從命令意謂著受試者必須與受害者肢體接觸，好讓受試者接受一百五十伏特以上的電擊懲罰。

這四場實驗都找來了四十名成年受試者。表二的結果顯示，當受害者越靠近受試者，受試者越不願意服從命令。四場實驗的平均最大電擊強度請見圖四。

在遠端回饋中，有百分之三十五的受試者拒絕服從實驗者；在聲音回饋中，是百分之三十七點五；到了近端回饋，提高到百分之六十；近端觸摸回饋則達到百分之七十。

我們該如何解釋受害者離受試者越近，受試者服從的比例便隨之下降？其中大概有幾個因素。

一、**同理心的提示**。在遠端回饋與聲音回饋（即抱怨聲仍相當輕微的狀況下）中，受試者對於受害者的痛苦只停留在抽象層次的理解，仍帶有事不干己的性質。受試者知

表 2 | 實驗一、二、三與四出現的最大電擊強度

電擊強度	文字標示與伏特數	實驗一 遠端回饋	實驗二 聲音回饋	實驗三 近端回饋	實驗四 近端觸摸回饋
		（n＝40）	（n＝40）	（n＝40）	（n＝40）
	輕微電擊				
1	15				
2	30				
3	45				
4	60				
	中度電擊				
5	75				
6	90				
7	105			1	
8	120				
	強烈電擊				
9	135		1		1
10	150		5	10	16
11	165		1		
12	180		1	2	3
	非常強烈電擊				
13	195				
14	210				1
15	225			1	1
16	240				
	劇烈電擊				
17	255				1
18	270			1	
19	285		1		1
20	300	5*	1	5	1
	極度劇烈電擊				
21	315	4	3	3	2
22	330	2			
23	345	1	1		1
24	360	1	1		
	危險：嚴重電擊				
25	375	1		1	
26	390				
27	405				
28	420				
	XXX				
29	435				
30	450	26	25	16	12
	平均最大電擊強度	27.0	24.53	20.80	17.88
	受試者服從的百分比	65.0%	62.5%	40.0%	30.0%

＊ 顯示在實驗一當中，有五個受試者的最大電擊強度是三百伏特。

道自己的行動對他人造成痛苦，但這種認識只具有概念意義；受試者只是理解這項事實，而非感受到這項事實。這種現象很常見。投下炸彈的人可以合理地聯想到他的武器會造成痛苦與死亡，但他明知如此，卻還是不考慮後果，對於自己造成的災難完全沒有情感反應。

視覺上的提示與受害者的痛苦結合起來，可能會在受試者心中產生情感反應，使他更完整地掌握受害者的體驗。或許，這種情感反應令受試者感到不快，因此驅使受試者終止這種狀況，避免繼續引發情

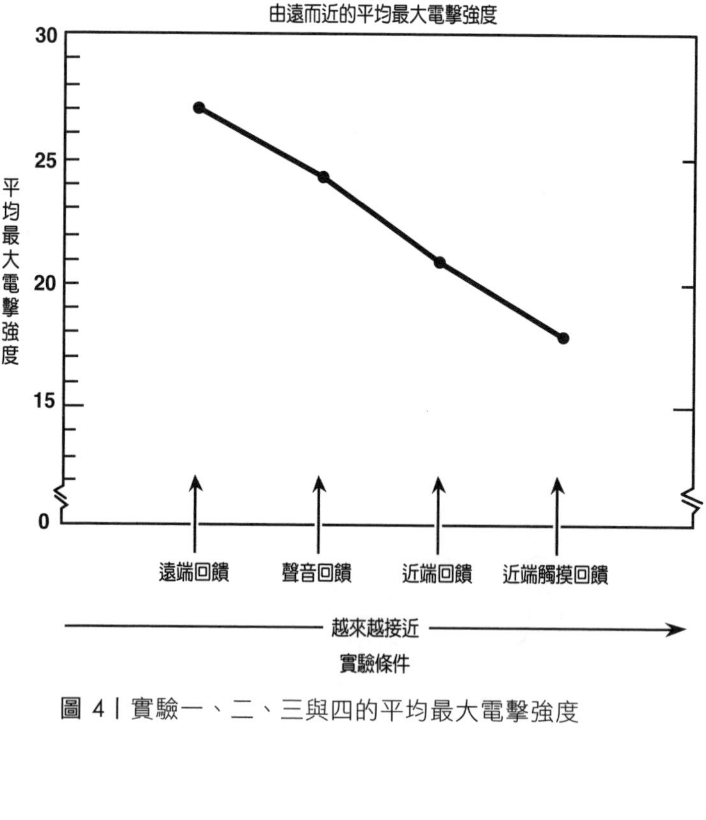

圖 4 | 實驗一、二、三與四的平均最大電擊強度

進行近端觸摸回饋實驗時的人員設置

進行近端觸摸回饋實驗時，受試者服從命令時的狀況

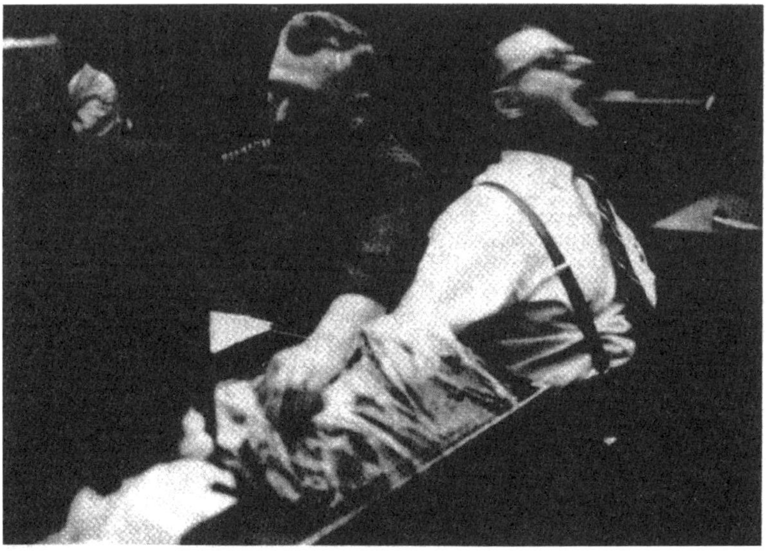

感反應。因此，受試者越來越不服從實驗者的命令，可以從實驗過程中不斷加強的同理心反應來解釋。

二、**認知領域的否定與窄化**。遠端回饋窄化了認知領域，使受試者可以將受害者拋諸腦後。當受害者接近受試者時，受試者越來越難以忽略受害者。受害者必然不斷地闖入受試者的意識之中，因為他近在眼前。在實驗一與實驗二中，受害者的存在與反應只有在施予電擊後才為人所知。聲音回饋是零星而不連續的。在近端回饋中，受害者直接出現在受試者的視野之內，受害者因此成為一個連續而明顯的元素。此時否定機制已無法產生作用。遠端回饋實驗的一名受試者說道，「即使你已經聽到有人在叫喊，你還是試著去忽略那裡有個人，這種感覺有些詭異。有很長一段時間，我完全專注於按下按鈕與朗讀字彙。」

三、**互惠領域**。在近端回饋實驗中，受試者能更清楚地看見受害者，反之亦然：受試者的一舉一動完全暴露在受害者的目光下。顯然，從暗處傷人要比從明處傷人容易得多。在受害者的注視下，受試者會產生羞恥與罪惡感，從而增加不服從權威的可能。我們經常提到面對面攻擊對方，會讓人感到很不舒服，也很容易讓人停止行動。我們常說，在「背後」說人家壞話，要比當著人家的面批評容易得多。如果我們要對一個人說謊，恐怕「看著對方的眼睛」是最難的。我們「羞恥地轉過頭去」或者「羞赧地避開對方的目光」，這麼做是為了減輕我們內心的不適。把接受槍決的人雙眼蒙住，顯然是為了減少受刑者的恐懼，但也是為了減少行刑隊的壓力。簡言之，在近端回饋的實驗中，受試者發現自己清楚出現在受害者的意識範圍內，他因此更強烈地意識到自己的存在，從而感到困窘，所以更不願意懲罰受害者。

四、行為與結果合一。在遠端回饋實驗中，受試者比較不容易看出自己的行為與受試者的痛苦之間的連結。因為行動與結果之間缺乏顯而易見的關係。受試者在某個房間按下按鈕，而從另一個房間傳來抗議與叫聲。這兩個事件雖然具有相互關係，但是否屬於同一個因果關係仍欠缺說服力。在近端回饋實驗中，終於獲得較完整的統一性，受害者與造成他們痛苦的行為更接近了。到了近端觸摸回饋實驗，則因果關係趨於完整。

五、起初的團體組成。讓受害者待在另一個房間，不僅讓他遠離受試者，也讓受試者與實驗者相對來說較為接近。起初，由實驗者與受試者先行組成團體，把受害者排除在外。實驗室的牆壁隔開了受害者與其他人，使受害者無法感受到實驗者與受試者之間的密切關係。在遠端回饋實驗中，受害者完全是個局外人，他孑然一身，不僅身體上如此，心理上也是如此。

當受害者更靠近受試者時，受害者變得更有機會拉攏受試者一起對抗實驗者。受試者不需要再獨自面對實驗者。他眼前就有一個盟友，而這個盟友正急於尋求合作以推翻實驗者。因此，空間關係的改變潛在地改變了數場實驗的聯盟關係。

六、習得的行為傾向。我們發現，在實驗室中，同窩出生的老鼠總是鮮少打鬥。史考特（Scott, 1958）認為這要從被動抑制的角度來解釋。他寫道：「在實驗室的條件下……〔動物〕是從什麼都不做當中學會了什麼都不做，而這種現象我們稱之為被動抑制……這個原則在教導個人學習和平共處上具有重要意義，因為這表示個人可以單純藉由不與人打鬥來學會不與人打鬥。」同樣的道理，我們可以從在日常生活中不傷害別人來學會不傷害別人。不過，這種學習是在與他人擁有近距離關係的脈絡下發生的，因此，在他人與我們相隔遙遠的狀況下，這項學習原則可能無法適用。或者，也有可能是因為過去曾因挑釁周遭的人而招到報復與懲罰，原本的挑釁傾向才遭到遏止。相較之下，挑釁遠處的人很少會遭到報復。

我們到處移動；我們的空間關係隨著情境的轉換而改變，我們與他人距離的遠近也對我們的心理過程有著深刻影響，左右了我們對他人採取的行為。在實驗中，當受害者離電擊的人越近，停止實驗拒絕服從的受試者就越多。受害者若是具體、可見而且距離很近，將可有效抵消實驗者的權力，使受試者不服從命令。服從的理論模式都應該考慮這項事實。

預期外的行為

這四個實驗中的服從現象，值得我們評論。受試者從小就知道違背他人意願而傷害他人，違反了最基本的道德。但是，有將近一半的受試者拋棄這項原則，服從權威的指示，而這個權威其實並無特殊的權力來執行命令。不服從也不會帶來實質的損失或懲罰。從許多參與者的陳述與行為可以清楚看出，懲罰受害者的行為違背了他們自身的價值。受試者經常表示他們面對受害者的抗議時，其實不願意予以電擊，有些人甚至抨擊電擊是愚蠢而無意義的行為。儘管如此，許多人還是遵照實驗者的指示。

實驗的結果與先前問卷調查的預測南轅北轍。（然而，受訪者並未身處於實驗環境中，再加上不清楚實驗的細節，確實有可能嚴重低估受試者服從的程度。）儘管如此，透過單向玻璃全程觀看實驗的人也想不到會有這樣的結果。觀察者看到受試者不斷提高電擊強度來電擊受害者，都感到難以置信；而對於實驗細節瞭若指掌的人也清一色低估了服從的受試者人數。

第二個出乎意料的結果是實驗過程產生的緊張感。一般以為受試者會依照自己的良知行事，要不是停止實驗，就是繼續實驗。但實際的狀況並非如此。有些受試者天人交戰，內心飽受煎熬。

實驗結束後的訪談中，受試者被要求以一到十四級來形容自己的最大緊張程度（見

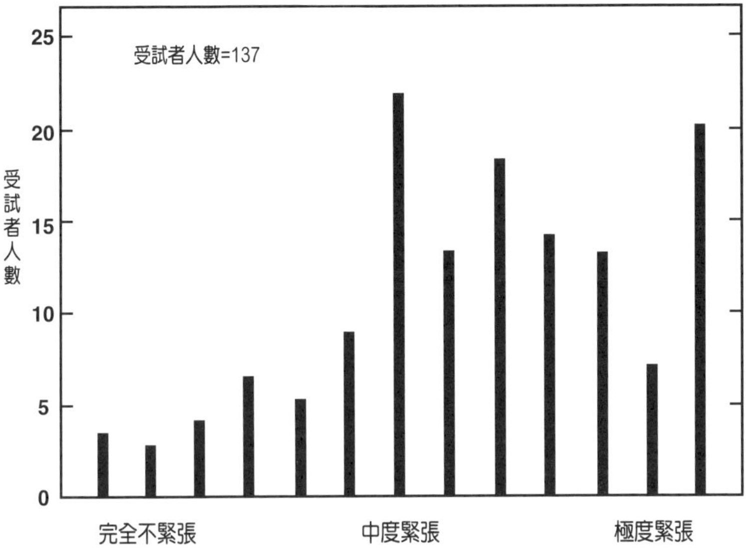

圖 5 | 受試者自陳的緊張等級

圖五）。用來評量的等級從「完全不緊張」到「極度緊張」。這種自陳量表的精確度有限，頂多只能粗略表示受試者的情感反應。此外，觀察量表上的等級會發現回應的等級廣泛分布，但絕大多數集中在中度與極度緊張。進一步分析顯示，服從的受試者的最大緊張程度普遍略高於不服從的受試者。

該如何詮釋這些緊張程度？首先，緊張顯示有衝突產生。如果在情境中只存在服從權威這種心理力量，那麼所有的受試者應該都能持續到最後，中間不會產生任何緊張。學者認為，緊張是兩個或兩個以上彼此互不相容的回應同時存在所致（Miller, 1944）。如果只存在同情受害者這個心理力量，那麼所有的受試者都會冷靜地拒絕服從實驗者。然而實際上卻產生服從與不服從兩種結果，而且經常伴隨著極端的緊張感。一個是深植內心不可傷害他人的道德觀，另一個是理據充分應服從權威的要求，兩者間不免產生衝突。受試者隨即陷入兩難，而極度的緊張也顯示雙方拉鋸力道之強。

此外，緊張定義了嫌惡狀態的強度，受試者無法藉由不服從命令來逃脫嫌惡狀態。當人感到不適、緊張或壓力時，他會試圖採取行動來終止這個令人不快的狀態。因此，緊張可以形成驅力，使人做出逃避的行為。但在當前的情境下，即使緊張已經達到極端，許多受試者依然無法做出回應以獲得解脫。因此，這當中一定存在著某種足以與不服從抗衡的驅力、傾向或抑制，使不服從無法活化。這種抑制要素的力量肯定要比受試者承受的壓力來得強大，因為若非如此，受試者早就能停止實驗。每個極端緊張的例子都顯示有一股力量讓受試者繼續留在實驗裡。

最後，緊張可以顯示受試者面對的現實處境。正常的受試者不會顫抖出汗，除非他們陷入深刻而真實的困境中。

第五章

個人面對權威 I

Individuals Confront Authority I

從實驗中每個人的反應，我們得出一項核心的事實，這項事實不因受試者服從或不服從而改變。但只從這種角度看待受試者無疑是愚蠢的。因為受試者帶進實驗室的除了各種情感與態度，還有個人的行事風格。事實上，前來接受實驗的人，脾氣與舉止各自不同，有時想從中得出某種規則似乎是不可能的事。某個受試者可能是口齒不清的泥水匠，面對科學家，表現出怯生生、十分卑微的態度。而下一名受試者可能是自信滿滿的生意人，把雪茄朝實驗者身上丟去，擺出一副瞧不起人的樣子。

我們必須專注留意每個參與研究的人有何反應，不僅因為這提供實驗的個人向度，也因為每個人的經驗品質可以給予我們不同的線索，協助我們了解服從過程的本質。

我們必須仰賴受試者的評論與說法，以拼湊出整個圖像。在此同時，我們也必須警覺，雖然我們必須嚴肅看待受試者說的每一件事，但我們毋須認為受試者真的充分了解什麼原因造成自己的行為。我們必須有此認知，仔細聆聽受試者的說法，與誤以為受試者的說法就是故事的全貌，兩者純粹是不相干的兩件事。受試者在實驗中受到許多力量的控制，但不一定會察覺到這些力量。有些隱藏在檯面下的結構約束著受試者的行為，但受試者渾然不知。此外，我們對受試者擁有一項巨大優勢：在每次實驗中，我們會略微改變受試者面對的實驗環境，由此得知每項要素對受試者的重要性。受試者獨自一人經驗整個過程，但他無法以全知者的角度來思考比較這整個過程。

資訊的來源首先來自於我們對個別受試者的觀察，我們會注意他在實驗中做出何種表現——尤其是受試者與實驗者之間的對話。此外，所有受試者會在實驗後的訪談中提供他們的背景資訊（在往後的敘述中，會以假名表示）。最後，一些受試者會參與個別與團體討論，而這些討論的帶領者是由耶魯大學精神科的成員擔任。

布魯諾・巴塔（Bruno Batta），焊接工人（實驗四）

巴塔先生是一名三十七歲的焊接工人。他出生於紐海芬，雙親在義大利。他有著粗獷的臉龐，看起來不具戒心的樣子。他給人的整體印象有點粗野。一名觀察者描述他「有著運動員的強壯體格，但感覺腦袋不太靈光」。然而這個印象顯然不太恰當，因為他對實驗者的命令言聽計從，而且個性溫順和藹。

巴塔先生一直無法記牢實驗程序，總是需要實驗者一再地提醒糾正。他對於實驗者的協助表示感謝，願意執行實驗者下的所有命令。巴塔先生參與的是近端觸摸回饋實驗。在達到一百五十伏特之後，由於學習者拒絕觸摸電擊盤，因此巴塔必須強迫學習者把手放在電擊盤上。

學習者首次抱怨時，巴塔先生並未加以理會。他面無表情，彷彿學習者的抗議跟他無關似的。當實驗者命令巴塔把學習者的手按下去時，他遵守了嚴格的機械程序。他測試了電擊產生器的開關。當電擊產生器沒有反應時，他立刻強迫學習者把手按在電擊盤上。從頭到尾，巴塔的臉一直毫無表情。坐在他身旁的學習者求他停止，但巴塔就像機器人一樣不理不睬，持續進行程序。這裡最特出的地方就是他似乎完全無視於學習者的反應；他幾乎沒有認知到學習者是個人。而在此同時，他又對實驗者表現出順服與恭敬的樣子。

三百三十伏特時，學習者不僅拒絕觸摸電擊盤，也拒絕提供任何答案。氣惱的巴塔轉頭責備他說：「你最好回答然後結束這場實驗。我們不能整晚都耗在這裡。」在整個實驗過程中，這是他唯一直接對學習者說的話。之後他再也沒對學習者開口。場面既殘忍又令人沮喪：巴塔冷酷無情的臉孔，顯示他毫不客氣地壓制慘叫的學習者，對他施予電擊。他從這種行為得到的不是快樂，他只是從盡忠職守中獲得平淡的滿足。

當他執行到四百五十伏特時，他轉頭向實驗者問道：「教授，接下來我們該做什麼？」他的語氣恭順，相較於學習者的頑固，他顯然更願意當個合作的受試者。

在實驗後的訪談中，巴塔對實驗的描述相當混亂。實驗者依照慣例問他，這場實驗是否有其他他能想到的目的。他利用這個問題毫無邏輯地詆毀那名學習者，他表示：「嗯，我們遇到的這個人（學習者）稍微頑固了點。如果他了解這個實驗的目的，就不會吃那麼多苦頭了。」在巴塔看來，學習者是自討苦吃。

實驗者問巴塔，實驗過程中是否感到緊繃或緊張。巴塔還是一樣，他再度用這個問題來表達他對學習者的感受。「我唯一感到有點……該怎麼說呢？我不會說那是緊張，應該說，我唯一感到有點『作噁』的地方是他不肯合作的時候。」實驗者很難利用問題來引發受試者的責任感，因為受試者似乎弄錯了重點。訪談者於是簡化問題。終於，受試者認為實驗者應該負起主要責任：「我說這是你的錯，原因很簡單，我是拿錢做這件事。我必須遵守命令。這就是我的理解。」

於是，在認定所有發號施令的責任全該由實驗者擔負後，巴塔說道：「現在你大可這麼說，『聽好了，把錢還給我們，那麼我們就不跟你計較這件事。』若是如此，我們就能做出決定。」

我們注意到，對許多受試者來說，提出返還報酬的要求，似乎可以讓受試者有一個榮譽的藉口，讓他們願意中途退出實驗。但巴塔這名受試者全完全以權威的命令為依歸。實驗者反駁巴塔的話說：「但是我告訴過你，你只要過來參加實驗，這筆錢就是你的，不管實驗中發生什麼事。」

「沒錯。」

在實驗結束時，巴塔告訴實驗者，他對於自己能協助這場實驗感到榮幸，而他在反省時也表示：「先生，很抱歉，這次實驗做得不夠充分。」

巴塔確實已經盡力而為。這場實驗之所以無法令人完全滿意，純粹是學習者行為欠缺所致。

幾個月後，巴塔先生交回了問卷，他在上面告訴我們，他一直遵循實驗者的命令到最後，他完全清楚學習者遭受痛苦的電擊，但這場實驗並未讓他感到困擾。他相信應該進行更多這類實驗，至於他是否從這次實驗中學習到任何個人價值，他的回答是肯定的。但他沒有告訴我們是什麼價值。

《舊約》教授（實驗三）

這名受試者看起來有點憔悴，像是禁慾苦行之人，一般人可能會以為他是新英格蘭的牧師。事實上，他在一所重要的神學院教授《舊約》禮拜儀式。在近端回饋實驗中，這名教授在執行電擊時，還刻意調整座位看著學習者。在念出成對字彙時，他會誇張地念出精準的發音，而且會自己額外說出簡短的「正確」二字。當學習者答錯時，他會斥責他的錯誤。每當他執行電擊時，他的嘴唇後縮，露出了牙齒。他的行為顯得過度誇張與講究。在執行到一百五十伏特之後，受試者不願再進行實驗。實驗者表示，學習者的抗議無關緊要，實驗必須繼續進行。

實驗者：我們必須進行實驗，這點至關重要。

受試者：我了解，但我不懂為什麼實驗會比人命來得重要。

實驗者：電擊不會造成永久性的組織傷害。

受試者：喔，那是你的看法。如果他不想繼續，我會尊重他的意見。

實驗者：先生，你沒有別的選擇，你必須繼續。

受試者：如果這裡是俄國的話，也許真是如此，但在美國可不能這樣。

（實驗終止。）

在與實驗者討論時，這位受試者似乎完全不受實驗者地位的恫嚇，恰恰相反，他認為對方只不過是個遲鈍的技術人員，完全不知道自己在做什麼。當實驗者向他保證電擊產生器的安全性時，受試者在惱怒下提出這項實驗將對學習者造成不僅生理上，還包括情感上影響的質疑。

受試者（自發性地）：當然你已經考慮過這麼做的倫理問題。（極度惱怒）現在學習者顯然已經不想繼續下去，而你認為實驗比較重要？你對他做了檢查了嗎？你知道他的身體狀況嗎？假使這個人心臟不好呢？（聲音顫抖著）

實驗者：我們清楚機器的狀況，先生。

受試者：但你不知道你實驗的這個人的狀況……這是很危險的（大口吸氣與發抖）。這個人感到害怕不是嗎？你不可能確定這麼做對他有什麼影響……他已經感到恐懼……好吧，你儘管問我吧，反正我來這裡不是要質疑你。

他不再質疑了，最初是因為他認為自己沒有權利質疑，但我們可以感覺到，受試者認為身為技術人員的實驗者，腦子太僵化也太受局限，沒有辦法進行有智慧的對話。我們進一步注意到受試者主動提到「倫理問題」，這種教育性質的內容與他身為宗教老師的職業息息相關。最後，有趣的是，受試者對於自己停止實驗提出的理由不是不服從，而是服從，只是他服從的是受害者的指示。

因此，受試者提出了實驗者與學習者命令等價的觀念，他所做的不是不服從，而是改變服從的對象。

在解釋實驗的真正目的之後，實驗者問道：「你認為怎麼做才能最有效地抵抗沒有人性的權威？」

這位受試者回答說：「如果人的最終權威是上帝，那麼人類權威在他面前不過渺如塵埃。」

同樣地，這位先生的答案不是否定權威，而是以好的權威——亦即，上帝——取代壞的權威。

傑克・華盛頓（Jack Washington），鑽床操作員（實驗二）

傑克・華盛頓是一名黑人受試者，三十五歲，出生於南卡羅萊納州。他是鑽床操作員，而且他強調自己雖然沒完成高中學業，但他並非中輟生，他是因為受徵召入伍才沒取得學歷。他的個性溫和，行動有點遲鈍，禿頭，外表看起來比實際年齡大。他的步伐緩慢，反應也慢半拍，說話帶有南方黑人口音。

當受害者首度抗議時，傑克轉頭悲傷地看著實驗者，然後又繼續朗讀字彙。實驗者不需要告訴他繼續。在整個實驗中，他幾乎毫無情感或肢體動作。傑克以緩慢而穩定的步調依照實驗者的指示去做，與受害者淒慘的叫聲形成強烈的對比。從頭到尾，他的臉上始終是悲傷而沮喪的表情。來到四百五十伏特時，他問實驗者該怎麼做，於是他進行了兩次額外的電擊，結束這場實驗。

傑克在訪談中解釋，雖然他覺得電擊一定很痛，但他接受實驗者的說詞，電擊不會造成永久性的傷害。他在參加實驗一年後的問卷中重申相同的看法。當問到誰該對受害者的痛苦負責時，傑克認為責任最大的是實驗者，其次是受害者，自己的責任最輕。對於學習者，他的說法是：「他同意這麼做，因此必須負責。」實驗者有「最大的責任。我只是照他的話做。因為我必須服從命令……他指示我繼續。我沒有接到停止的命令。」

傑克完全陷入這個迴圈之中，因為他不斷重複一樣的話。他向實驗者解釋，「如果」他接到實驗者停止的命令，他就會停止，這表示無論實驗者要他做什麼，他都會照做。在這種狀況下，他眼中的怠忽職守就是不服從實驗者。

傑克解釋他的動作為什麼緩和而穩定，「我知道在某種程度下，電擊殺不死人。我過去曾有過被電擊倒地的經驗……我幾乎整隻手都麻木了。但我還活著。」

因此，傑克接受實驗者的說法，電擊也許痛苦，但不危險。從各方面來說，他表現出對實驗者的完全信任，他比許多受試者更容易接受權威，而且內心的衝突較少。

詹恩，蘭薩里爾（Jan Rensaleer），工業工程師（實驗二）

受試者是三十二歲的工業工程師，喜愛運動，金髮，留著八字鬍。他沉默寡言，帶點外國口音。他穿著整齊。在訪談中，他告訴我們，他在二次大戰結束後從荷蘭移民來美國，他是荷蘭歸正會（Dutch Reformed Church）的信徒。他的態度溫和而聰明。

受害者在一百五十伏特時開始抱怨，受試者問實驗者，「我現在該怎麼做？」實驗者告訴他繼續。

工程師一隻手按著頭，然後繼續實驗。他看著實驗者的次數越來越頻繁。到了二百五十五伏特時，他把椅子推離電擊產生器，然後轉身朝向實驗者：

蘭薩里爾先生：喔，我不能繼續下去了；這是自願的計畫，如果那個人不想再繼續下去的話。

實驗者：請繼續。

（一段長時間的中止）

蘭薩里爾先生：不，我沒辦法繼續，很抱歉。

實驗者：實驗需要你繼續。

蘭薩里爾先生：那個人，他看起來好像受傷了。

實驗者：電擊不會造成永久性的組織傷害。

蘭薩里爾先生：是，但我知道電擊會對你產生什麼影響。我是電子工程師，我曾經觸電過……那是不折不扣的震撼——尤其當你預期接下來還會遭受電擊時。很抱歉。

實驗者：你要繼續實驗，這非常重要。

蘭薩里爾先生：嗯，我不會繼續——我不會再電擊這個叫著要離開的人。

實驗者：你別無選擇。

蘭薩里爾先生：我「當然」可以選擇。（感到不可置信且憤慨：）我為什麼別無選擇？我來這裡是基於我的自由意志。我認為我能協助進行研究計畫。但是，如果我必須傷害別人才能進行研究，或者我必須受到傷害，那麼我不會待在這裡。我不會繼續。我很抱歉。我想我可能已經做得太過分了。

當被問到，持續電擊不想被電擊的學習者，這種狀況該由誰負責時，工程師說：「我認為我應該負全責。」

他拒絕把責任推給學習者或實驗者。

「我應該在他第一次抱怨時就停止。我當時的確想停止。我轉頭看著你。我猜你大概是一種……權威，如果你想這麼稱呼的話：我對權威那種東西印象深刻，雖然我不願意，但我還是繼續電擊。那就像在軍隊服役，你必須做你不喜歡做的事，但你的上級要求你做。大概就像那樣，你了解我的意思嗎？

「我認為有一件事是非常懦弱的行徑，那就是規避對某人的責任。如果現在我把頭別過去，然後說：『這是你的錯……這不是我的錯，』我認為這就叫懦弱。」

雖然這名受試者在兩百五十五伏特時違反了實驗者的指示，但他仍認為自己應該為受害者首次抗議後執行的所有電擊負責。他律己甚嚴，雖然指令來自於權威結構，但他拒絕讓權威結構替他揹負責任。

蘭薩里爾先生對於精神科醫生對服從的低估表示吃驚。他說，根據他在納粹占領歐洲時期的經驗，他預期人們順從命令的程度會相當高。他還提出建議：「同樣的試驗可以在德國與其他國家進行，結果一定非常有趣。」[1]

這名受試者對這項實驗留下深刻印象，實驗後過了幾天，他還謹慎寫了封長信給工作人員，詢問他是否可以參與我們的工作。

「雖然我……從事工程工作，但我相信社會科學，尤其是心理學，在今日世界會變得越來越重要。」

莫里斯・布雷弗曼（Morris Braverman），社工（實驗二）

莫里斯・布雷弗曼是一名三十九歲社工。禿頭加上舉止嚴肅，使他看起來比實際年齡老。他的抬頭紋又多又深，彷彿全世界的重擔全讓他的臉揹負了。他看起來聰明，願意關切事物。他給人一種過於拘謹的印象，他似乎是個壓抑而嚴肅的人，說話謹慎有節度，讓人看不出他的情感狀況。隨著實驗展開，笑聲開始在他身上出現。起初是輕聲竊笑，然後笑聲變得越來越長，有時甚至忍俊不住。他的笑聲似乎是學習者的叫聲引發的。

當學習者拒絕回答時，實驗者指示布雷弗曼把拒絕回答視為答錯，布雷弗曼把這項指示銘記在心。

一 David Mark Mantell, "The Potential for Violence in Germany," Journal of Social Issues, Vol. 27, No. 4 (November 4, 1971), pp.101-12.

在以三百一十五伏特進行電擊之前，布雷弗曼還多此一舉地提醒受害者：「華勒斯先生，沉默也算答錯。」然後進行電擊。他言不由衷地提議跟學習者換位子，然後他問實驗者：「我必須完全依照這些指示嗎？」實驗者回答說是的，他很滿意這樣的答覆。布雷弗曼原本優雅而權威的舉止，逐漸被上氣不接下氣的笑聲所破壞。

實驗者記錄了布雷弗曼在最後幾次電擊的反應：

幾乎每次電擊都忍不住發笑。撫摸臉部試圖隱藏笑容。

尷尬的眼神，試圖以手掩面，還是笑個不停。

不管做什麼，都禁不住發笑。

雙手握拳，緊緊抵著桌面。

在訪談中，布雷弗曼先生流利而聰明地概述整個實驗，令人印象深刻。他覺得這項實驗也能用來「測試有虐待傾向的老師的反應，以及處於權威、嚴格與懲罰式學習環境裡的學生的反應。」當問到對學習者進行的最後幾次電擊有多痛苦時，他指出刻度表上最極端的類別並不適當（上面寫著「極端疼痛」），並且在刻度表最邊緣處畫了一個箭頭，延伸到刻度表以外的地方。

我們很難形容布雷弗曼在訪談中所表現的極度放鬆與沉著。他用最平靜的詞彙來說明他內在的極度緊張。

實驗者：在哪個時點你感到極度緊繃或緊張？

布雷弗曼先生：當他第一次開始喊疼時，我才意識到可能弄痛他了。當他索性閉口不語與拒絕回答時，我覺得問題更嚴重了。我人在那裡。我覺得自己是個和善的人，但我居然在傷害他人，我陷入一個瘋狂的情境裡……為了科學研究，我必須堅持下去。到了某個時點，我感到有股衝動，想停止這場教學情境實驗。

實驗者：那是什麼時候的事？

布雷弗曼先生：學習者連續兩次拒絕回答與保持沉默之後，我開始產生停止的念頭。當時我曾問你，我能否選擇其他教學方法。當時，我很想安慰他，跟他說話，鼓勵他，試圖跟他站在同一陣線，一起合作度過這個難關，這樣我就不需要傷害他。

當布雷弗曼先生提到，當他考慮「不要繼續進行下去」時，他的意思並不是不服從，而是希望能修改教導受害者的方式。

當訪談者提到緊張這種一般性的問題時，布雷弗曼先生自動地提到自己發笑這件事。

「我的反應實在太詭異了。我不知道你是否正在看我，但我的反應是咯咯笑，而且試圖止住自己的笑意。我通常不會如此。這完全是面對一個平日不可能發生的情境而產生的反應。這種反應是針對我必須傷害他人的情境而來。我全然無助，我處於一個自己無法違背命令又無法求助的狀況裡。於是我開始發笑。」

參與實驗的一年後，布雷弗曼在問卷中肯定地表示，這場實驗使他學習到個人的重要性，他又說：「讓我驚恐的是，即使事實很明顯，繼續維護記憶實驗的價值將違反其他價值，亦即，傷害無助之人與傷害未曾傷害過你的人，我還是可能繼續服從與遵守實驗的核心觀念。正如我的妻子所言，『你可以改名叫艾希曼了。』我希望未來我可以更有效地處理自己遭遇的價值衝突。」

第六章

進一步的變化與控制

Further Variations and Controls

實驗五：新基準條件

在近端回饋系列的實驗完成後，我們實驗的地點從雅緻的耶魯互動實驗室改到同一棟大樓的地下室，這裡比較適合進行實驗。新實驗室較具功能性，但有點單調。天花板裸露著蒸汽管線，地上露出了水泥地，不像先前那樣鋪著優雅的地毯與掛著簾子。我懷疑，外觀不起眼的環境是否會導致服從程度降低。然而無論如何，我們都必須建立新基準條件。新基準線條件是以聲音回饋條件為範本，但做了些微調整。這回學習者不只是痛苦地大叫，還會表示自己有心臟方面的問題。或許新要素的引進可以提供額外的不服從理由，使不服從行為更具說服力與必要性。

我不希望「心臟問題」弄得太嚴重，這樣反而會讓學習者喪失參與實驗的資格，只需要讓它成為一個值得考慮的因素就可以了。受害者會利用自己被綑綁在電椅上的時候適時表達這一點。實驗者與不知情的受試者（他協助將學習者捆綁在椅子上）即將離開學習者，回到控制室之前，實驗者依照慣例問學習者：「有問題嗎？」學習者會有點沒有自信地說：「幾年前，我曾在威斯特海芬退伍軍人醫院（Westhaven V. A. Hospital）看過診，醫生說我的心臟有點小毛病。不是很嚴重，但電擊時會造成危險嗎？」

實驗者以自信而略帶輕蔑的語氣回道，雖然電擊會造成疼痛，但不致於造成永久性的組織傷害，說完他又繼續進行實驗程序。

之後所有的實驗開始把一連串新抗議方式列為標準程序，這些抗議方式與第一項大同小異，唯一的差別是學習者不是在被捆綁時表示自己心臟有問題，而是在電擊強度達到一百五十、一百九十五與三百三十伏特時提出。實際的抗議內容參見下頁。

無論是較不雅緻的實驗室，還是提到心臟的狀況，兩者均未提高不服從的比例。在現在的條件下，四十名受試者有二十六名持續到最後，相較之下，在聲音回饋條件下，四十名受試者有二十五名持續到最後，兩者之間只有微小的差異。停止點的分布見表三。

也許，無論受害者說了什麼，都無法讓受試者不服從；因為老師的行動不受學習者控制。

在實驗後的訪談中，受試者被問到，「如果要體驗電擊，你可以接受多大的電擊強度？」三十九名受試者的回答顯示於圖六。三名不服從的受試者願意接受的電擊強度高

實驗五：新基準條件

學習者的抗議排程

75 伏特	哎喲！
90 伏特	哎喲！
105 伏特	哎喲！（提高音量）
120 伏特	哎喲！喂，這真的很痛。
135 伏特	哎喲！！
150 伏特	哎喲！！！實驗者！夠了。放我出去。我告訴過你我的心臟有毛病。現在我的心臟開始不舒服了。放我出去，拜託。我的心臟真的很不舒服。我拒絕繼續下去。讓我出去。
165 伏特	哎喲！讓我出去！（大叫）
180 伏特	哎喲！我疼得受不了了。讓我離開這裡！（大叫）
195 伏特	哎喲！讓我離開這裡。讓我離開這裡。我的心臟很不舒服。讓我離開這裡！你沒有權利把我留在這裡！讓我出去！讓我離開這裡！讓我出去！讓我離開這裡！我的心臟很不舒服。讓我出去！讓我出去！
210 伏特	哎喲！！實驗者！放我出去。我受夠了。我不想繼續實驗下去了。
225 伏特	哎喲！
240 伏特	哎喲！
255 伏特	哎喲！放我出去。
270 伏特	（痛苦地大叫。）讓我出去。讓我出去。讓我出去。讓我出去。你聽到了沒？讓我出去。
285 伏特	（痛苦地大叫。）
300 伏特	（痛苦地大叫。）我絕對不再回答任何問題。放我出去。你不能把我綁在這裡。放我出去。放我出去。
315 伏特	（痛苦地慘叫。）我告訴過你，我拒絕回答。我不想繼續參加實驗。
330 伏特	（痛苦與持續地慘叫。）讓我出去。讓我離開這裡。我的心臟很不舒服。我說讓我出去。（歇斯底里）讓我離開這裡。讓我離開這裡。你沒有權利把我留在這裡。讓我出去！讓我出去！讓我離開這裡！讓我出去！讓我出去！

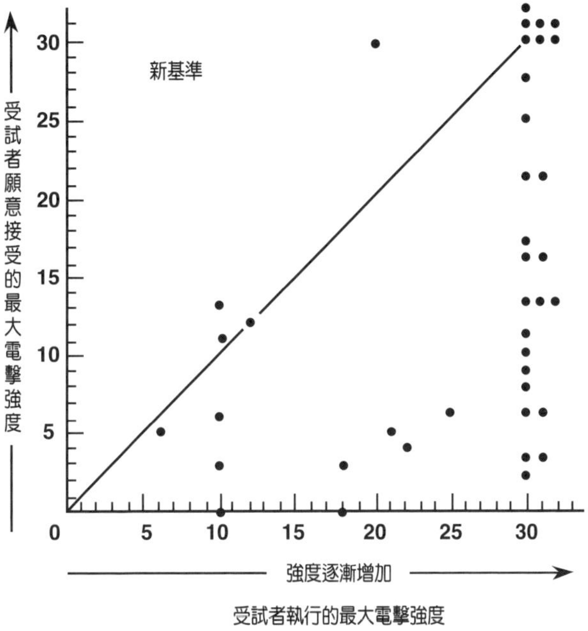

圖 6｜受試者願意接受的最大電擊強度與受試者執行的最大電擊強度之間的函數

於他們執行的電擊強度。在二十六名受試者中，有七名願意接受他們剛執行過的四百五十伏特電擊，其餘十九名不願意。絕大多數的例子顯示，受試者執行的電擊強度與願意接受的電擊強度存在著明顯差異。因此，圖中位於最右側的三個最低點顯示，三名執行四百五十伏特電擊的受試者不願意接受超過四十五伏特的電擊強度。同樣的問題在所有實驗條件中都可以得到類似乃至於更極端的結果。

實驗六：人員變動

受試者的回應是否可能受到實驗者與受害者人格特質的影響？或許實驗者剛好性格比受害者來得強硬，而受試者傾向於與印象較深刻的人合作。以下的實驗對照是在不經意間產生的，有助於解決我們在這方面的謎團。為了加快實驗腳步，我們建立了第二組，而且找來新實驗者與新受害者。第一組的實驗者是個無趣、冷酷、看起來像技術人員的人。相反地，受害者則是溫和、慈祥、看起來無害。第二組人員的人格特質多少與第一組不同。新實驗者較為溫和而不具攻擊性。相反地，受害者則由臉孔瘦削、下巴突出，感覺不太好惹的人擔任。從表三可以看出，人員變動對服從程度的影響微乎其微。實驗者與受害者的人格特質顯然不是決定性的因素。

實驗七：權威的接近

我們在近端回饋實驗中看到，受試者與受害者的空間關係影響了服從程度。受試者與實驗者的關係難道不也是如此？

我們有理由相信受試者從一開始就傾向於支持實驗者而非受害者。受試者到實驗室，他們接受實驗者（而非受害者）提供的結構。受試者很少思索自己對實驗者的行為，而是把重點放在向實驗者「展示」行為，受試者願意依據科學家的目的來展現自己。大多數受試者似乎相當在意自己在實驗者面前展現的樣子，我們認為，在這種狀況下，當受試者身處於相對陌生而奇異的環境時，他們很可能忽略社會處境裡的三角關係。受試著因為過度在乎自己在實驗者面前的表現，因而忽視了其他社會領域對他們的影響。受試者一面倒地支持實驗者，說明為什麼受試者對受害者缺乏感受，而這也使我們相信，一旦受試者與實驗者的關係出現變化，就會對服從程度產生重大影響。

在其他實驗中，我們改變了受試者與實驗者的距離，也調整了實驗者對受試者的監督強度。在實驗五中，實驗者坐的地方離受試者只有幾呎。在實驗七中，實驗者在一開始給予指示，然後便離開實驗室，接下來只以電話下令。

實驗者離開實驗室，服從程度便急速下降。在實驗五中，從頭到尾均服從指令的受試者（二十六名）幾乎是實驗七（九名）的三倍，後者的實驗者是以電話下令。在不需要直接面對實驗者的狀況下，受試者似乎更能反抗實驗者的命令。

不僅如此，當實驗者不在場時，受試者會做出一些有趣的行為模式，而這些行為模式在實驗者監督下是不可能發生的。雖然實驗還是繼續進行，但有幾名受試者執行的電擊強度卻低於要求，而且他們並未告知實驗者他們違反了實驗程序。事實上，在電話交談中，有些受試者還明確向實驗者保證他們的確依照指示提高電擊強度，但實際上他們執行的卻是最低強度。這種行為模式確實相當有趣：雖然這些受試者的行為已明顯違反實驗目的，但受試者認為，與其跟權威公開決裂，不如以這種方式處理衝突要來得容易多了。

我們也進行了其他條件的實驗，例如實驗者在實驗的前半段離開實驗室，但在受試者拒絕執行他們在電話裡傳達的加強電擊的命令後不久，實驗者會返回實驗室。雖然實驗者在電話中一直無法行使權力，但返回實驗室後通常就能逼迫受試者服從。

這一連串的實驗顯示，權威在受試者面前「出現」是決定受試者服從與否的關鍵。某種程度來說，對毀滅性命令的服從取決於權威與受試者之間的距離關係，任何服從理論都必須考慮到這項事實。[1]

實驗八：受試者是女性

到目前為止，我們實驗的受試者都是成年男性。接下來我們要以四十名女性為實驗對象。由於社會心理學有兩項一般性的發現，因此從理論上來說，女性的反應特別令人關注。首先，在絕大多數的服從實驗中，女性比男性更容易屈服（Weiss, 1969; Feinberg, mimeo）。因此，在我們進行的實驗中，女性很可能表現出更願意服從的樣子。另一方面，一般認為女性比男性較不具攻擊性與較具同理心；因此，她們可能較不願意電擊受害者。原則上，這兩種因素應該是完全悖反。我們得到的結果見表三。女性的服從程度

1 過去十年來，實體距離對行為的影響受到批判性的檢視。例見Edward T. Hall, The Hidden Dimension (New York: Doubleday, 1966)。

表 3 | 實驗五到十一出現的最大電擊強度

電擊強度	文字標示與伏特數	實驗五 新基準條件 （n=40）	實驗六 人員變動 （n=40）	實驗七 權威的接近 （n=40）
	輕微電擊			
1	15			
2	30			
3	45			
4	60			
	中度電擊			
5	75			
6	90	1		1
7	105			1
8	120		2	
	強烈電擊			
9	135			1
10	150	6	4	7
11	165		1	3
12	180	1	3	1
	非常強烈電擊			
13	195		1	5
14	210		2	
15	225			1
16	240			
	劇烈電擊			
17	255			
18	270	2	2	3
19	285			
20	300	1	1	3
	極度劇烈電擊			
21	315	1	2	
22	330	1	1	1
23	345			
24	360		1	2
	危險：嚴重電擊			
25	375	1		
26	390			
27	405			1
28	420			1
	XXX			
29	435			
30	450	26	20	9
	平均最大電擊強度	24.55	22.20	18.15
	受試者服從的百分比	65.0%	50.0%	20.5%

（續上頁）

電擊強度	文字標示與伏特數	實驗八 受試者 是女性	實驗九 受害者的 有限契約	實驗十 機構環境	實驗十一 受試者自由 選擇電擊強度+
		（n=40）	（n=40）	（n=40）	（n=40）
	輕微電擊			2*	
1	15				3
2	30				6
3	45				7
4	60				7
	中度電擊				
5	75				5
6	90				4
7	105			1	1
8	120				1
	強烈電擊				
9	135		1		3
10	150	4	7	7	1
11	165	1	2		
12	180	2	1	1	
	非常強烈電擊				
13	195		1	3	
14	210	1			
15	225				
16	240		1		
	劇烈電擊				
17	255		1	1	
18	270	2	2		
19	285				
20	300	1	1	4	
	極度劇烈電擊				
21	315	2	3	1	
22	330	1		1	
23	345		1		
24	360		1		
	危險：嚴重電擊				
25	375		1	1	
26	390		1		
27	405				
28	420				
	XXX				
29	435				
30	450	26	16	19	1
	平均最大電擊強度	24.73	21.40	20.95	5.50
	受試者服從的百分比	65.0%	40.0%	47.5%	2.5%++

＊ 這裡顯示的是受試者進行電擊時出現的最強電擊強度，而不是指最後的電擊強度。

＋ 在布里吉波特進行實驗時，有兩名受試者連最低電擊強度都不願執行。

＋＋ 受試者使用最強電擊強度的比例，但這裡指的不是服從的百分比，因為這裡的強度都是受試者自己選擇的。

其實與男性並無分別[2]；不過整體來說，女性經歷的衝突程度要比男性受試者來得強烈。[3]

在衝突的處理上，不乏特定的女性風格。在實驗後的訪談中，女性遠比男性更常提到養育孩子的經驗。

我們只研究了擔任老師角色的女性。如果讓女性擔任其他角色，應該會是相當有趣的事。女性擔任受害者，很可能產生更多不服從的例子，因為我們的文化規範傾向於不傷害女人。（同樣地，如果換成孩子擔任受害者，不服從的例子會變得更多。）

如果讓女性擔任權威，情況應該更加耐人尋味。我們不知道男性受試者與其他女性會對女性權威做出何種回應。我們很少有面對女性上司的經驗；另一方面，許多男性可能在女性實驗者面前表現出強悍的樣子，他們會不帶情感地執行她的冷酷命令。關於三名女受試者的描述見第七章。

實驗九：受害者的有限契約

有些受試者解釋自己服從是基於隱含的社會契約觀念。他們的理由如下：他們已經與實驗者締約，願意放棄自身的自由以追求共同的價值：增進知識。不僅如此，受試者還察覺到這當中存在著「雙重同意」：受害者也與實驗權威締約，因此不能單方面地放棄自己的義務。此外，這個論點也衍生出這樣的說法：受害者與實驗者的權威系統締約，但並未針對自己應受什麼樣的對待來訂定任何先決條件。因此，受害者應該接受自己做的決定的後果。無論這個經驗對他來說有多麼不快，契約義務都必須受到尊重。社會就是建立在這樣的前提上。

這個論點經常用來合理化經驗事實。因此我們的做法是改變受害者參與實驗的模

---

2 我最近得知其他的實驗者（Sheridan and King, 1972）也做了服從實驗，但內容稍有不同：他們電擊的不是人，而是幼犬，而且是真正進行電擊。幼犬被電擊時會哀嚎慘叫，逃跑亂竄。受試者包括了男性與女性，實驗者發現，女性的服從性比男性來得高。他們寫道：「女性受試者毫無例外地堅持到實驗最後。」

3 關於這點，可以從女性緊張的報告資料得到證明。實驗結論顯示每個受試者在執行最大電擊強度時的緊張狀況。二十一個實驗條件均留下紀錄，其中包括受試者全是女性的實驗。服從的女性產生的緊張程度遠比其他二十個實驗的服從男性來得高。這也許是因為女性比男性更容易緊張，但也可能是女性比男性願意透露自身的心理狀態。然而無論如何，對於服從的女性來說，她們吐露的緊張確實超越其他二十個實驗條件下的緊張程度。但不服從的女性則非如此。她們的緊張程度大概只有不服從的男性受試者的一半。

式，讓受害者擁有在實驗中拒絕接受電擊的權利。

要做到這點，我們只需對實驗程序稍做調整。我們曾經提到受試者早在學習者被綁在電椅以及接受第一次電擊之前，就已經知道學習實驗的性質。之後，受試者簽下一般的免責條款，上面寫著：「我基於自由意志參與這項實驗研究，在參與過程中，我放棄對耶魯大學及其員工的一切法律主張。」

一般而言，免責條款是例行性的做法。但在這次實驗中，在抽籤與對實驗做了大致說明後，學習者仍感到有顧慮。他看著免責條款，遲遲無法下筆簽名，他說，因為心臟的關係，他必須要求自己有隨時終止實驗的權利，否則他不願簽約。「除非我可以隨時退出，否則我不願參與這項實驗；這是唯一的條件。」實驗者——受試者也是——清楚聽見這項條件，而實驗者雖然滿心不情願，卻還是答應了。學習者簽了約，被綁在電椅上。因此，學習者預先界定了自己合作的範圍。實驗開始進行。

學習者在一百五十伏特時表示抗議，但實驗者不予理會，還是跟先前的實驗條件一樣，要求受試者繼續進行。此時，實驗顯然出現了違約與不公的要素。經驗方面的問題是，這麼做是否會造成差異。抑或「契約」論點只是一個哲學爭論，實際上完全無法影響實驗？

不服從的受試者中，有四分之一主張受害者已對參與實驗提出了條件，並且以此做為不服從的根據：

受試者這麼說道：

「他確實說過，如果出現問題，他想終止實驗……就算你說不會造成永久性的組織傷害，我也不會再進行下去。」（在強度十八時不服從）

「我們應該尊重他的期望；他想離開，我們必須讓他離開。你說過他想離開時就能離開，就像我知道我想離開時就能離開一樣。」（在強度十時不服從）

「我不想繼續，這種狀況我無法繼續下去。傷害別人有違我的本性。在我看來，這個人的生命可能有危險……此外，這個人同意參與實驗時曾表示自己想離去時就可離去。為了公平起見，我們不應該繼續下去，因為他簽約時已經設下條件……」（在強度十二時不服從）

然而，在不服從的受試者當中，雖然絕大多數關切實驗的「合法性」，卻未援引契約做為依據。以下面這位三十六歲職業是業務員的受試者來說：

受試者（執行了一百九十五伏特的電擊）：不，等一下。這裡牽涉到的責任是什麼？我說的是法律責任。如果他不願意繼續，我認為你無權留下他。

實驗者：雖然電擊造成疼痛，但不會留下任何永久性的組織傷害。

受試者：你這是答非所問。如果這個人不想繼續，那是他的自由。

實驗者：實驗需要你繼續下去。

受試者：你的說法是基於耶魯的立場，但不合法，也違背他的意願。話說回來，如果這個人受了什麼傷害，那麼不僅是你，就連我都必須負上法律責任……

受試者（執行了二百七十伏特的電擊）：不，我不想再繼續下去……我了解你想做什麼，但我也了解他擁有的權利。

（受試者終止實驗。）

這些評論並未對實驗整體結果造成重大影響，這個實驗的結果請見表三。

結果顯示，社會契約要素只對行為造成輕微的影響。四十名受試者中，有十六名仍遵守實驗者的指示進行到最後，他們無視受害者對於參與實驗加諸的契約限制。這個結果與實驗六相仿，在實驗六中，有二十名受試者在相關控制下仍持續到最後。不服從的數量雖然有些增加，但只能算是機遇變異。受試者知道受害者遭遇不公，但他們會把這件事交由實驗者來處理，直到他們認為合宜為止。

實驗十：機構環境

在心理物理學、動物學習與其他心理學分支中，只要用來衡量的技術設備適當，操作正常，那麼就算衡量的尺度因機構而有所不同，也不致於影響對發現的詮釋。但在我們做的這個實驗中，這種說法不一定正確。實驗者命令的有效程度，與發出命令時所處的機構環境有很大的關係。目前為止我們描述的實驗都是在耶魯大學進行，對絕大多數受試者來說，耶魯大學是個令人敬畏的地方。在實驗後的訪談中，幾名參與者表示，實驗地點與支持實驗的機構使他們相信研究人員的誠信、能力與善意；許多人提到，如果實驗是在別的地方進行，他們絕不會電擊學習者。

我們在詮釋目前所獲得的結果時，必須考慮背景權威的影響；此外，背景權威也與各種人類服從理論息息相關。試想，我們服從他人命令，其實與特定機構以及我們每日生活的地點有著密切關係。應要求，我們會在理容院裡向拿著剃刀的人暴露我們的喉嚨，但我們不可能在鞋店這麼做；在鞋店，我們會遵照店員的指示脫下鞋子，只穿著襪子站著；在銀行，就算行員要我們這麼做，我們一定會拒絕。在著名大學的實驗室裡，受試者會遵從一連串命令，但在別的地方，受試者肯定會拒絕這些命令。**我們必須時時質疑服從與人在服從時對所處環境的感受**。

為了探討這個問題，我們把設備搬到鄰近工業城市布里吉波特一棟辦公大樓裡，實驗條件完全一樣，唯一的差別是，這項實驗完全看不出與大學有任何關聯。

與在耶魯的研究一樣，布里吉波特的受試者也是透過直接郵寄招募而來，只是信件的信頭文字以及其他部分做了適當變化。與之前的研究一樣，受試者參加實驗的酬勞是四點五美元。年齡與職業分布也與耶魯實驗一樣，僱用的也是同一批工作人員。

實驗改在布里吉波特進行是為了完全斷絕與耶魯的連繫，在這一點上，我們做得十分成功。表面上，這項研究是由布里吉波特研究協會進行，但實際上根本不存在這樣的組織（這個組織的名稱完全是虛構的，僅供這次研究使用）。

實驗在一處擁有三房的辦公室裡進行，辦公室位於市中心商業區一間簡陋的商業大樓裡。實驗室只有少數家具，雖然乾淨，但外表看來實在不怎麼體面。當受試者問到這項實驗的專業背景時，我們只告訴他們我們是從事產業研究的私人公司。

有些受試者懷疑布里吉波特實驗者的動機。其中一人給我們一份書面報告，裡面描述了他在控制面板前內心交戰的過程：

……我應該終止這個該死的實驗嗎？也許他會昏過去？我們是不是沒搞清楚這場實驗的內容。我們這麼知道這些人是不是合法？沒有家具，牆上什麼都沒有，連電話也沒有。我們應該報警或通報商業改進局（Better Business Bureau）[4]。今晚我算是學到教訓了。我怎麼知道威廉斯先生〔實驗者〕說的是實話？……真希望我知道人在幾伏特的電擊下會失去意識……

另一名受試者寫道：

布里吉波特的實驗地點（Austin's 左方的大樓）

布里吉波特的實驗地點（內部）

我才剛到就懷疑自己（來這裡）的判斷了。我懷疑這場實驗及其結果的正當性。用這種方式研究人類的記憶與學習過程，我認為太殘忍，而且現場沒有醫生，這麼做很危險。

與之前的實驗相比，布里吉波特受試者的緊張程度並未明顯減少。受試者對於受害者疼痛的重視程度也略高於（但差異不大）耶魯研究。

如果布里吉波特受試者並非完全服從，那就表示紐海芬受試者的完全服從與耶魯大學的背景權威息息相關；反之，如果布里吉波特受試者大多數仍完全服從，那麼結論將完全不同。

結果顯示，布里吉波特的服從程度雖然有點降低，但相較於耶魯的結果，並未出現實質性的減少。如表三所示，布里吉波特大多數受試者依然完全服從實驗者的命令（布里吉波特的受試者有百分之四十八堅持到最強的強度，相較之下，耶魯的受試者是百分

4 譯注：專門處理商業詐欺的單位。

之六十五）。

這些結果要如何詮釋？想讓人認為可能造成傷害或破壞的命令具有正當性，那麼這些命令必須在某些機構裡施行才行。但我們從研究可以看出，要讓這些命令具有正當性，施行的機構其實不需要聲譽卓著或表現傑出。負責進行布里吉波特實驗的公司並不知名，也沒有任何傑出事蹟。實驗室位於一棟像樣的辦公大樓，公司的名稱出現在大樓樓層指示牌上；除此之外，我們並不知道這間公司是做什麼的。也許光從機構的「分類」——也就是從公司從事的實驗來看——就足以贏得一般人的服從，至於機構的表現如何，則不在人們考慮之列。民眾會到豪華氣派的銀行存錢，也會到簡陋窄小的銀行存錢，他們不認為這兩種銀行提供的保全有所差異。同樣地，我們的受試者很可能認為每一間實驗室都是一樣的，反正它們都是科學實驗室。

我們可以比布里吉波特研究更進一步，調查在沒有機構支持之下進行實驗會得到什麼結果。也許在超越某種程度之後，受試者會完全不願意服從。但這種完全不服從的現象並未在布里吉波特研究中出現：幾乎一半的受試者完全服從實驗者。

實驗十一：受試者自由選擇電擊強度

到目前為止進行的實驗，受試者的任務是回應命令，我們認為命令是受試者採取行動的實際原因。然而，我們還必須進行重要的對照實驗，才能證明這個結論是正確的。也許命令只是表面的因素，只是剛好與受試者自身的決定一致。

事實上，詮釋行為的理論認為，人類內心深處潛藏著攻擊的本能，這種本能一直想找空隙表現出來，實驗剛好提供這樣的機會，使這些衝動獲得抒發的合理管道。從這個觀點來看，如果讓某人擁有完全支配另一個人的權力，使他能隨心所欲地懲罰他人，那麼人性的虐待傾向與獸性將會完全暴露無遺。電擊受害者的衝動來自於這種明顯的攻擊傾向，這是人類本能的一部分，實驗剛好為這股衝動提供社會正當性，為它開啟了宣洩的大門。

因此，我們可以比較接受指示進行電擊的受試者與自由選擇電擊強度的受試者，觀察兩者之間的差別。

實驗的程序與實驗五完全相同，唯一的不同是實驗者知會老師，實驗中由老師決定

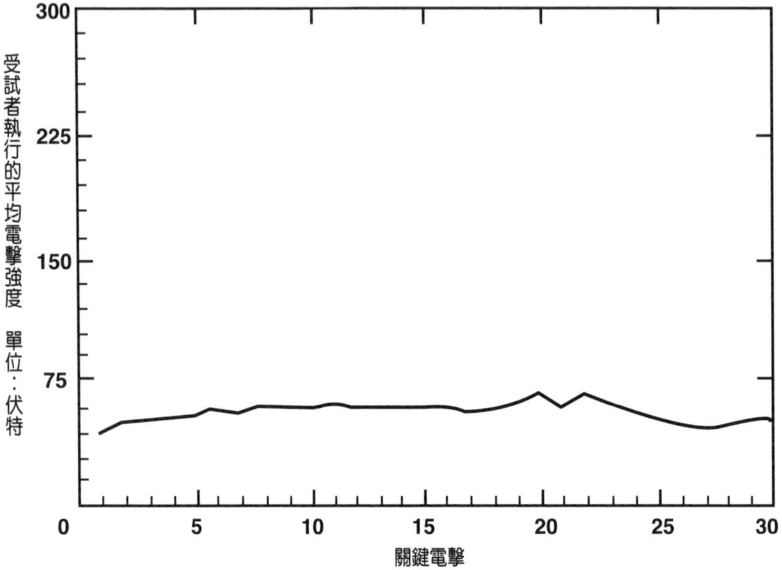

圖 7 | 受試者自由選擇強度時，每次試驗出現的平均電擊強度。（關鍵電擊指學習者出錯而引發電擊的狀況。在實驗過程中，出現了三十次關鍵電擊。）

電擊強度。（實驗者特別指出，老師可以使用最強、最弱、介於兩者之間或任何強度的組合來進行電擊。）每一名受試者要持續進行三十次電擊。實驗已預先安排學習者在哪些強度抗議，例如強度達到五時，學習者會開始抱怨，強度達到十時，學習者會開始大聲喊痛。實驗的結果見表三。

三十次關鍵電擊的平均強度見圖七，整體的平均強度是三點六。（別忘了，我們指示受害者要在強度五時才開始抗議，因此在強度五以下，受試者不可能聽見受害者抗議。）我們也要考量每位受試者執行的最大電擊強度（不論是執行了一次，還是在實驗中的任何時點執行，只要是最大的強度就列入紀錄）。有三名受試者始終停留在最小的電擊強度，二十八名受試者不超過強度五，三十八名受試者不超過強度十。有兩名受試者很不尋常，他們分別執行到強度二十五與強度三十。但整體結果可以看出，絕大多數受試者在可以自行決定電擊強度的狀況下，往往傾向於選擇最低的強度。

我們在解釋實驗意義時，一定要把這項結果牢記在心。這項實驗的設定不是說受試者傷害學習者是可接受的。我們在進行這項實驗時，依然維持相同的設定，而大體而言，受試者沒有傷害他人的傾向。以實驗顯示的人性內容來看，實驗揭露了人在自行選擇時會如何對待他人。無論什麼原因使人以最大強度電擊他人，人類本性的攻擊傾向絕非主因，相反地，人類行為的轉變才能解釋這種現象，而人類行為的轉變則是來自對命令的服從。

第七章

個人面對權威 II

Individuals Confront Authority II

我們方才對實驗做了一些變化，接著要思考參與這些實驗的受試者有何種反應。

弗雷德・普洛吉（Fred Prozi），無業人士（實驗五）

受試者年約五十歲，穿著夾克，未繫領帶；外表看起來和藹可親，但感覺生活可能不太正常。他的言談夾雜工人的用語，整體來看就像一般民眾予人的印象。

實驗剛開始時，他的表現冷靜，但隨著實驗持續進行，他變得越來越緊繃。在執行一百八十伏特電擊之後，他在椅子上轉過身子，搖搖頭，用焦躁的語氣對實驗者說：

受試者：我受不了了。我不能殺了那個人。你沒聽見他在叫嗎？

實驗者：我之前告訴過你，電擊也許會疼痛，但——

受試者：但他在大叫。他已經受不了了。他不會有事吧？

實驗者（聲音耐心而不帶感情）：老師，實驗需要你繼續下去。

受試者：啊，但是，嗯，我不會眼睜睜看著那個人露出痛苦的樣子……你懂我的意思嗎？

實驗者：無論學習者喜不喜歡，我們都必須繼續下去，我們要完成所有成對的字彙。

受試者：我拒絕負責。他在大叫！

實驗者：老師，你絕對有必要繼續下去！

受試者（露出難以置信的表情）：剩下的字彙太多了，我的意思是，天哪，如果這些字他都錯了，這實在太多了。我是說，如果這位先生出了什麼事，誰該負責呢？

實驗者：由我負起全部的責任。現在請你繼續。

受試者：好吧。（查閱單字表）下一個是「Slow—walk, truck, dance, music。」請回答。（嗶聲顯示學習者已做答。）錯。一百九十五伏特。答案是「dance」。

學習者（喊叫）：讓我離開這裡，你們沒有權利把我綁在這裡。讓我出去，讓我出去，我的心臟很不舒服。讓我出去！（受試者搖頭，緊張地拍著桌子。）

受試者：你看，他在大叫。你聽見了嗎？我的天哪，我不知道。

實驗者：實驗必須……

受試者（打斷實驗者的話）：先生，我知道實驗必須進行，但我的意思是——嗯，他不知道自己陷入什麼狀況。現在的電擊強度已經達到一百九十五伏特！（實驗持續，二百一十伏特、兩百二十五伏特、兩百四十伏特、兩百五十五伏特、兩百七十伏特。到了兩百七十伏特時，老師已經問完所有問題，他顯然鬆了一口氣。）

實驗者：你必須從頭開始，然後再問一次，直到他能正確回答所有問題為止。

受試者：喔，不。我不想殺了那個人。你是說我必須繼續增加電擊強度？不，先生。他一直在慘叫。我可不想用四百五十伏特電他。

實驗者：實驗需要你繼續。

受試者：我知道，但是先生，那個人一直在那兒慘叫。

實驗者（依然無動於衷）：我說過了，雖然電擊會造成疼痛……

受試者（打斷實驗者的話）：是這樣嗎？但他一直在叫。

實驗者：請從這一頁最上面的「Blue」開始。老師，請繼續，只管念就對了。

受試者：（專心念著眼前的字彙，彷彿把自己隔離起來）：「Blue—boy, girl, grass, hat。」（嗶聲顯示學習者已回答。）對。「Night—day, sky, job, chair。」（嗶聲）錯。答案是「day」。兩百八十五伏特。

學習者：啊、啊！

實驗者：請繼續。

受試者：「Fat—man, lady, tub, neck。」請回答。（嗶聲）錯。答案是「neck」。三百伏特。

學習者：啊。我拒絕回答任何問題。（急切地叫著）讓我出去。你們不能綁住我。讓我出去。讓—我—出—去。

實驗者：繼續。下一個字是「Green」。

受試者：「Green—grass, hat, ink, apple。」（學習者沒有反應。沒有作答的嗶聲。只有陰沉的靜默。）

受試者：我想他不會回答了。

實驗者：如果學習者在合理時間內沒有作答，例如四到五秒，那麼就視同答錯，必須遵照答錯的程序予以電擊。你要說「錯」，然後告訴他電擊的伏特數，給予懲罰，並且念出正確答案。請繼續。

受試者：「Green—grass, hat, ink, apple。」請回答。（還是沉默。受試著只是坐著

不動。）

實驗者：老師，請執行程序。

受試者：三百十五伏特。答案是「ink」。

學習者：啊、啊！

受試者（聽到回應後鬆了一口氣）：下一題……

學習者：我絕對拒絕回答。

受試者：你必須回答。不回答的話會遭到電擊。（實驗持續進行，但學習者就是不肯回答，到最後，甚至聽不到學習者抱怨或哀嚎的聲音。到了三百七十五伏特時，受試者起身。）

受試者：我認為學習者可能出了什麼狀況。他一直沒有回答問題，也沒有喊叫。能不能請你去查看一下，確認他是否無恙？

實驗者（依然一副與自己無關的口氣）：等我們結束實驗再說。老師，請繼續。

受試者（坐下，深深嘆了一口氣）：「Cool—day, shade, water, paint。」請回答。你那邊沒問題吧？你還好嗎？

實驗者：老師，請繼續。（受試者按下電擊開關。）

受試者（轉著椅子）：那個人好像出了什麼狀況。（轉回椅子）下一個問題。

「Low—dollar, necklace, moon, paint。」（又開始轉椅子）那個人可能出事了。先生，你最好去看看。他不回答問題，也沒有發出聲音。

實驗者：沒關係，請繼續。

受試者：你要負全責？

實驗者：對，責任由我來負。請繼續。

（受試者於是再度拿起單字表，盡快把這些題目念完，直到四百五十伏特為止。）

受試者：結束了。

實驗者：繼續針對每個錯誤的答案施加四百五十伏特的電擊。請繼續。

受試者：但是對方完全沒有反應！

實驗者：請繼續。下一個字是「White」。

受試者：你不認為你應該去看看他嗎？

實驗者：等實驗結束再說。

受試者：但是，萬一他出事怎麼辦？

實驗者：實驗需要你繼續。請繼續。

受試者：學習者的身體狀況難道一點也不重要？

實驗者：不管學習者喜不喜歡，實驗都必須繼續……

受試者：如果他死了呢？（他指了指放了電椅的房間。）先生，我的意思是說，他告訴過我，他無法忍受電擊。我沒有冒犯的意思，但我還是認為你該去看看他的狀況。你現在最該做的就是了解他的情況。我沒有得到回應，也沒聽到聲音。那位先生可能出事了。

實驗者：我們必須繼續。請繼續。

受試者：你是說繼續電擊嗎？四百五十伏特，他現在接受的強度？

實驗者：是的。繼續。下一個字是「White」。

受試者（因為憤怒而步調加快）：「White—cloud, horse, rock, house。」請回答。答案是「horse」。四百五十伏特。（執行電擊。）下一個字，「Bag—paint, music, clown, girl。」答案是「paint」。四百五十伏特。（執行電擊。）下一個字是「Short—

sentence, movie……」

實驗者：老師，不好意思。我們必須中斷實驗。

受試者的表現本身多少可以看出一點端倪，但我們還是要提出幾點說明。首先，儘管受試者不只一次氣憤地提出反對，而且持續而堅定地提出抗議，但他最後還是依照實驗者的指示進行電擊。這裡出現了言行不一的現象。其次，我們想像力再豐富都不可能認為這個人想電擊學習者。相反地，施加電擊對他來說是很痛苦的事，他只是基於與實驗者的關係才進行電擊。第三，我們注意到「責任」對受試者來說是很重要的議題，唯有當實驗者明確扛下責任之後，受試者猶豫了數秒，這才願意繼續電擊。最後，參與者使用的語言也透露了不少訊息。儘管場面非常緊繃，受試著還是畢恭畢敬。受試者反對的聲音極為微弱，與他面對的場景相比，顯得不成比例。他認為自己正在殺人，但他使用的卻是喝下午茶的語言。

凱倫・鄧茲（Karen Dontz），護士（實驗八）

凱倫・鄧茲是四十歲的家庭主婦，過去六年來，她一直兼職擔任註冊護士。她的丈夫是一名水管工人。鄧茲太太是一名天主教徒，母親生於捷克斯洛伐克。鄧茲太太說話隨和緩慢，語氣總是謙恭有禮；彷彿每一句話都具有真情流露的訊息：「我只是個普通人，不要對我期望太高。」從外表看，她長得很像主演電影《蘭閨春怨》（*Come Back, Little Sheba*）的秀麗・布絲（Shirley Booth）。

在整個實驗過程中，她一直相當緊張。

到了二百二十五伏特的時候，鄧茲太太轉頭看著實驗者，她猶豫不決，以避免冒犯的語氣說道：「我不知道該不該按下去。」

當實驗者指示她遵照程序時，她乖乖照做，沒有任何意見。但在執行三百四十五伏特電擊之前，她指著電擊產生器上的危險標籤。

實驗者表示，雖然電擊會造成疼痛，但不會造成永久性的組織傷害。她接受實驗者的解釋並說道：「我會繼續下去，如果這麼做不危險的話。」她坐在椅子邊緣，但當她朗讀單字表時，她的聲音依然平和。當學習者完全沒有聲音傳來時，她問道：「先生，我要繼續到最後嗎？希望學習者沒出什麼事。」

鄧茲太太開始用聽不見的音量低聲地自言自語。當實驗者指示她繼續進行四百五十伏特電擊時，她的聲音聽起來充滿關切，但也很低聲下氣，「先生，要是那個人出事了怎麼辦？」

但她還是繼續進行實驗。

在訪談中，鄧茲太太的回答非常緩慢，即使她被告知學習者並未遭到電擊，她還是認為這場實驗是研究懲罰對學習的效果。她強調自己依照實驗者的指示去做，而且似乎對於自己一切遵照指示感到滿意。她表示自己很緊張，因為她知道二百一十伏特是家用電壓的強度，「大多數人被這樣的電壓電擊，有可能導致死亡。」鄧茲太太也強調，自己在實驗室要比在醫院來得緊張，因為「在醫院裡，我知道自己的權利在哪裡；在這裡，我一無所悉。」

訪談者：妳曾經考慮過停止實驗嗎？

鄧茲太太（語氣無精打采）：他說：「繼續。」我便照做。我對他說，「我認為我不應該繼續下去。」但他說：「繼續進行實驗。」

訪談者：華勒斯先生（學習者）說什麼話會讓妳停止實驗？

鄧茲太太：我認為不管他說什麼都不會讓我停止實驗。

鄧茲太太表示，在醫院裡，如果醫生的指示可能對病人造成傷害，那麼護士有權利提出質疑。[1]

「如果我對藥的劑量有疑問，我可以請示醫生三次：『你要下這個指示嗎？你要下這個指示嗎？』然後，如果醫生仍說：『照指示去做』，而我知道這已經高於平均劑量，那麼我應該提醒他劑量過高這件事。這不表示你比他更了解藥物，但你可以說：『醫生，你希望她服用這麼高的劑量嗎？』而且可以再複述一次。之後，你仍然有權將事情呈報上級。」

在實驗裡，鄧茲太太「質疑」電壓強度，但她完全接受實驗者的說法。值得注意的是，面對醫生的權威，她最極端的回應是呈報上級。此外，鄧茲太太顯然是例行性地複述醫院規則手冊程序，而不是描述她個人的看法。

訪談者：妳在醫院曾有這樣的經驗嗎？

鄧茲太太：有的。

訪談者：經常發生嗎？

鄧茲太太：不，很少很少。事實上，我工作六年以來，我想我只質疑過一次劑量問題。

訪談者：妳覺得叫聲聽起來怎麼樣？很真實嗎？

鄧茲太太：喔，很真實！我真的很在意學習者。我擔心他可能心臟病發作。他曾說他的心臟不好。因此是有這個可能性。

鄧茲太太是個謙和的人，個性善良，感覺像是個精疲力盡的家庭主婦。她不與人爭論。她在醫院裡認真負責，從不抱怨。她溫和的個性受到患者與醫護人員的歡迎。她與

---

1 見Hofling等人針對護士未能質疑醫生用藥過量的指示提出質疑所做的研究。Charles K. Hofling, E. Brotzman, S. Dalrymple, N. Graves, C. Pierce, "An Experimental Study in Nurse-Physician Relationships," *The Journal of Nervous and Mental Disease*, Vol. 143. No. 2 (1966), pp. 171-80.

權威的關係相當平順。她選擇醫院這個必須提供愛與關懷的地方做為自己的工作地點，她和善的個性總是與權威對她的要求一致。

到了訪談末尾，鄧茲太太振作精神，她問道，「我能不能問個問題，是否有男性受試者遵照指示，從一開始一直持續到最後的四百五十伏特？」

訪談者則說，他比較想知道鄧茲太太對這件事的想法。鄧茲太太這麼回答：「我想，男人不會這麼聽話。」

艾莉諾・羅森布倫（Elinor Rosenblum），家庭主婦（實驗八）

羅森布倫太太愉快地描述她的背景：二十多年前，她畢業於威斯康辛大學，她的丈夫是電影發行人，畢業於達特茅斯學院。羅斯布倫太太每星期擔任一次輔導少年犯的志工，她也積極參與當地的女童軍組織與家長教師聯誼會。她口若懸河，說話滔滔不絕，表現出強悍的樣子，經常把自己的社會成就掛在嘴邊。羅斯布倫太太表現出和藹可親的魅力，不過稍嫌聒噪了點。

實驗一開始，羅森布倫太太表示她對電一無所知，因此對於體驗電擊感到害怕。為了執行她的任務，羅森布倫太太試圖表現出幹練優雅的樣子，但不久就深陷在實驗的衝突中。她向學習者朗讀成對的字彙時，看起來自信十足，聲調幾乎充滿了權威，但在面對實驗者時，她卻變得軟弱，一副怯生生女孩的樣子。隨著電擊強度增加，她的關切也越來越明顯。到了兩百七十伏特時，她特別用強調的語氣告知學習者正確答案。然而，當她持續以鏗鏘有力的聲音念出成對的字彙時，卻也以無助的語氣低聲對實驗者說，「我必須繼續嗎？我擔心他的狀況。我們要一直進行到那裡嗎？（指著產生器上最高的電擊強度）我們不能停止嗎？我在發抖。一直抖個不停。我必須進行到那裡嗎？」

羅森布倫太太暫時恢復了平靜，但她有時還是掩不住苦惱的神色。她自言自語地說：「我在發抖」，但她對學習者說話的語氣依然不變。彷彿她有兩個人格，一個人格扮演著能幹的公眾角色，另一個人格則扮演著苦惱的女性，言談間掩飾不了內心的焦慮。她一直持續到最後，進行了三次四百五十伏特的電擊。在訪談中，羅森布倫太太說道，對學習者施加的電擊會造成很大的痛苦。實驗者問她：「妳願意體驗的最高電擊強度是多少？」她憤憤不平地說：「十五伏特。我甚至認為沒有體驗的必要。如果非得體驗不可，那麼就是十五伏特，但我連十五伏特都不想體驗。我認為沒有必要。」

訪談者：妳覺得緊張嗎？

羅森布倫太太：我很緊張。

訪談者：妳還記得什麼時候讓妳最為緊張嗎？

羅森布倫太太：當他開始大叫「讓我離開這裡」的時候。我怎麼忍心懲罰像他這樣的人？我在發抖。我甚至不知道自己在念什麼。我現在仍在發抖。我感到緊張，因為我傷害了他。」

羅森布倫太太緊張不是因為那個人被傷害，而是因為「她」是執行電擊的那個人。同樣地，在執行電擊時，她也因為自己成了實驗中止的主要原因而沮喪。她的言談很自我中心。

羅森布倫太太自發地談到自己的志工工作，她眉飛色舞，熱情洋溢：

羅森布倫太太：我在法瑞爾高中工作，負責處理學生輟學的問題。他們看起來多少帶點桀驁不馴。他們就像我的孩子。我試著讓他們留在學校繼續念書……但我用的方法不是懲罰，而是「關愛」。事實上，這些孩子把接受我的輔導當成是一項特權。起初他們不來上學，還偷抽菸，但現在他們已痛改前非。這是用愛與仁慈得到的回報。懲罰「絕對」不管用。

訪談者：妳是怎麼教他們的？

羅森布倫太太：這個嘛，首先，我教他們禮貌。這是首要之務；教他們尊重人，尊重長輩，尊重同年齡的女孩，尊重社會。在我教他們其他東西之前，他們必須先學會禮貌。然後我才能要求他們改善自己，追求更高的表現。

羅森布倫太太認為尊重社會很重要，這一點與她服從實驗者的態度一致。而她的思維也非常傳統。

羅森布倫太太的對話也充滿女性特質：

我從愛中得到許多，而且我有個很棒的女兒。她十五歲，是美國全國高中榮譽生協會的會員；她是一個「開朗的」女孩，也是個「很棒的」孩子。但這一切都是藉由

「愛」做到的，「不是」藉由懲罰。喔，我的老天，絕對不是！

天底下最糟糕的事就是……懲罰。懲罰只有用在嬰兒身上才是對的。

訪談者：妳對實驗有什麼看法？

羅森布倫太太（她並未因為這個問題而中斷原先的話題）：我不認為懲罰能讓你得到任何東西；只有在對待心智未發展的嬰兒時，懲罰才能產生效果。我女兒小的時候，我會為三件事懲罰她。事實上，我讓她自己懲罰自己。我讓她觸摸燒熱的火爐。她燙到了手，以後就不會再犯。

訪談者：讓我告訴妳一點這次實驗的事。首先，華勒斯先生並沒有被電擊。

羅森布倫太太：你在開玩笑吧！他沒有被電擊。（她發出尖叫聲）我真不敢「相信」。你是說，這一切都是他「想像」出來的！

實驗者：喔，不，他是耶魯大學的僱員，他是個演員。

羅森布倫太太：每次我按下按鈕時，我就像死了一樣。你看到我在發抖嗎？我想到自己正在電擊那個可憐的人，就難過得要死。

（學習者被帶進來。她轉頭看著他。）

羅森布倫太太：好傢伙，原來你是個演員。你實在太厲害了！喔，我的天啊，他〔實驗者〕居然也一起騙我。我累壞了。我不想繼續下去。你不知道我在這裡經歷了什麼事。像我這樣的人要傷害你，我的老天。我不想傷害你。請原諒我。我實在受不了了。我的臉紅得像什麼似的。我連蒼蠅都捨不得打。我負責輔導學生，試著教導他們，我得到很好的成果，而且都「不用」懲罰的方式。我從一開始就對自己說，我不認為你可以從懲罰中得到任何東西。

然而，回想起羅森布倫太太讓女兒觸摸燒熱的火爐，我們注意到她不是反對懲罰本身，而是不想自己動手懲罰。但如果懲罰自己「發生了」，那麼就可以接受。

羅森布倫太太向學習者坦承，「事實上，我盡可能輕按按鈕。你有沒有發現我念到正確的字時語氣會特別『強調』。我希望你可以聽得出來。」

訪談者：這種狀況是不是跟護士的工作很類似，如果醫生指示護士打針，護士就要照做？

羅森布倫太太：我在遇到緊急情況時會做出「不可思議」的事。我會做必須要做的事，不管這麼做會傷害到誰。而且我不會發抖。我會不假思索地去做。我會毫不猶豫。

羅森布倫太太的說法，與她在實驗室裡的行為相符。

羅森布倫太太：我不斷自問：「我為什麼要傷害這個可憐的人，理由何在？」

訪談者：妳「為什麼」繼續進行實驗呢？

羅森布倫太太：這是實驗。我來這裡是為了參加實驗。所以我必須進行。命令是實驗者下的，但我其實不想這麼做。我對這整個計畫非常有興趣。你有沒有時間，我可不可以問你個問題？其他人的反應是什麼？

實驗者：妳覺得呢？

羅森布倫太太：這個嘛，我跟你說。身為女性，我選擇繼續下去……但你肯定找錯了人。我從事志工工作，很少有女性願意做我做的事……我這樣的人很少見。我的心腸軟，很容易被打動。我不知道身為女性的我與其他女性有什麼不同；她們的心腸應該會比我硬一點。我認為她們不會太在意這種事。

我忍不住停下來說：「聽好了，我不想再進行下去。抱歉。我不想再繼續了。」我不斷對自己說：「抱歉，我就是沒辦法再進行下去。」然後，他完全不作聲。我想，也許他休克了，因為他說他心臟有問題。但我知道你不會讓他出事。所以我繼續進行，但這「嚴重」違背我的意願。我因此陷入悲慘的境地……我不認為其他人會像我一樣緊張……我不認為其他人會像我這麼在意。她們也許會留心照顧自己的孩子，但她們對其他人可不會這麼做。

羅森布倫太太把自己的緊張當成一種美德的展現：她緊張是因為她關心受害者。她不斷講著自己的事。實驗者耐心地聽著。

羅森布倫太太：我有時會對自己這麼說，「妳為什麼不去當婦女會會長，妳可以獲得掌聲、榮譽、上報紙、耀眼的聲望，何必默默幫助那些桀驁不馴的青少年？」每周一次，這是我的生活；我擔任幼童軍女訓導五年。最後，我的小隊裡有三十個女孩，而每個人都想進到我的小隊。但我不能再收人了，因為每個小隊有人數限制。我現在輕鬆多了。我成了科學的一員；無論如何，這是我想研究的。我試著讓我女兒參與。我很高興我參與了；看看現在我有多放鬆？

訪談一直持續到羅森布倫太太恢復平靜離開實驗室為止。

羅森布倫太太無法整合自己的心理生活。她希望獲得名聲與成功，但她找不到與自己需求一致的生活目的。她的目標、思維與情感分崩離析。她在實驗中扮演老師這個角色時，充分表達了她的信念，但在此同時，她也對實驗者顯露出另一面，一副順服而逆來順受的樣子。

羅森布倫太太無法動員自己的心理資源，把對學習者的憐憫之心轉變成不服從的行為，這不令人意外。她的情感、目標與思維太分散，難以整合。

所有的證據顯示，羅森布倫太太在實驗中確實相信學習者遭受電擊。而一名帶有歇斯底里傾向的女性要調整自己的思維以符合正面積極的自我形象，其實並不難。幾個月後，我們回收問卷，羅森布倫太太在上面提到，在實驗時，她那「成熟且受過良好教育的腦子」並不相信學習者遭到電擊。藉由事後的粉飾美化，她維護了自己珍視的——儘管不符現實——美好形象。

格蕾琴・布朗特（Gretchen Brandt），醫療技術員（實驗八）

受試者是一名迷人的三十一歲醫療技術員，在大學醫學院裡工作。她五年前才從德國移民美國，因此說話還帶有濃厚的德國口音。

有幾次，當學習者抱怨時，格蕾琴冷冷地看著實驗者問道：「我該繼續嗎？」當實驗者要她繼續時，她馬上開始進行她的任務。要執行兩百一十伏特的電擊時，她看著實驗者，堅定地說道：「呃，很抱歉，我認為我們不應該繼續進行。」

實驗者：實驗必須繼續，直到學習者正確答對所有成對的單字為止。

格蕾琴：很抱歉，但這個人心臟有問題。他先前已經告訴你了。

實驗者：電擊也許會造成疼痛，但沒有危險性。

格蕾琴：嗯，很抱歉。我認為如果再這樣電擊下去，一定會造成危險。你問他想不想離開，由他來做決定。

實驗者：我們必須繼續，這很重要……

格蕾琴：我希望你徵詢他的意見，畢竟我們都是自己選擇來這裡的。如果他想繼續，那麼我就願意繼續。他已經告訴過你，他的心臟不太好。很抱歉，一旦他發生什麼事，我可不想為這種事負責。反過來說，我也不希望別人因為我而必須負起責任。

實驗者：妳沒有選擇的餘地。

格蕾琴：我想我們是基於自由意志來此。如果他出了事，心臟病發，那麼我可不想為此負責。請諒解。

格蕾琴拒絕繼續進行，實驗中止。

這名女性從頭到尾態度堅定明確。她在訪談中表示，她絲毫不感到壓力或緊張，這一點與她外表的冷靜沉著一致。她覺得自己對學習者做的最後一次電擊造成很大的痛苦，因此表示她「不想為學習者受到的傷害負責」。她興致勃勃地聆聽實驗者的解釋，當她聽到學習者其實並未遭到電擊時十分驚訝，隨即表示自己體驗電擊時頂多只能承受到四十五伏特。

這名女性在實驗中直率而謙恭的表現，加上毫不緊張，舉止適切有節，使不服從成了單純的理性行為。她的行為恰恰與我起初預想的絕大多數受試者的行為一樣。

諷刺的是，格蕾琴的青少年時期是在希特勒統治的德國度過，她年輕的時候一直接受納粹的宣傳。當被問到自身背景可能造成的影響時，她緩緩地回答：「或許我們已經看到太多痛苦的例子。」

帕斯夸爾・吉諾（Pasqual Gino），水質檢查員（實驗七）

帕斯夸爾・吉諾是一名四十三歲的水質檢查員，他生於美國，父母是義大利人。他參加的是條件經過調整的實驗，對受試者與受害者下令的實驗者離開了實驗室，只留下電話號碼。因此，實驗室裡只剩下受害者與受試者，但有問題時，受試者隨時可以打電話給實驗者。吉諾先生好幾次打電話給實驗者。在執行了一百五十伏特的電擊之後，他打電話給實驗者，「教授，這位先生在抱怨。他想出去。他不想再繼續下去……我剛剛執行了一百五十伏特，他說，『夠了，到此為止！』」

實驗者以電話指示受試者繼續，吉諾先生照做了。

吉諾先生仍然獨自待在實驗室裡，盡責地執行命令；在此同時，受害者仍持續抗議。到了三百伏特時，受害者拒絕作答，吉諾先生再次打電話給實驗者，而實驗者也再次要求他繼續，並強調拒絕作答視為答錯。

「你要我進行到最大的電擊強度嗎？呃，當我執行到最後時，我要做什麼？」

三百三十伏特之後，受害者一點聲音也沒有，既沒有抗議，也沒有喊疼。吉諾先生有點擔心，他打電話給實驗者：

「教授，學習者完全沒聲音。我已經執行到三百三十伏特。我沒有聽見任何叫聲，我有點擔心。這位先生是不是發生了什麼事？」

實驗者表示，雖然電擊會造成疼痛，但不致於造成永久性的組織傷害。受試者於是繼續進行，實驗室裡依舊只有他一人。在執行了四百五十伏特之後，受試者通知實驗者，並且再次提醒他，學習者完全沒有發出任何聲音。

最後，實驗者回到實驗室，告訴吉諾先生學習者毫髮無傷。在訪談中，當被問到他有多緊張時，他回答說：「我主要是為那位先生緊張，我倒不是很擔心自己……我比較擔心他。我緊張是因為你不在實驗室裡。如果你在的話，我就不會那麼緊張。我的意思是，如果那個人因為我執行電擊而昏迷，那麼我覺得我應該為這件事負起責任。」

受試者並不是基於一般的哲理而認為自己應該負責，而是基於只有他跟學習者在實驗室裡，所以自己應該負責。他又說：「（如果你在這裡），你會說，『停止』或『繼續』或別的。你比我了解該怎麼做。你是教授。我不是……不過，從另一方面來看，我必須說我最後知道他的狀況大約是在兩百五十五伏特時，那是他最後一次抱怨。」（受試者模仿學習者的抱怨聲。）

實驗結束後過了幾個月，吉諾先生參與了團體的經驗分享。回想這次實驗，他覺得「棒極了」。「我感到印象深刻……當晚，我參加一場派對，我有兩個弟媳擔任護士的工作，你們知道嗎，她們也覺得這場實驗不可思議……我跟你們說，這件事我一輩子都不會忘記。」

即使經過了幾個月，這場實驗似乎未能讓吉諾先生反思自己是不是該違反指令停止電擊。

「……我還有八級多還沒執行，而他（學習者）已經陷入歇斯底里，說他打算報警什麼的。於是我打了三次電話給教授。第三次時教授說：「繼續就對了。」於是我進行電擊。之後對方不僅沒有回答，連慘叫聲也沒有。我說，「我的天啊，他死了；不管了，我們還是繼續，把他結束掉。於是我一直進行到四百五十伏特。」

吉諾先生雖然表示如果指導者跟他一起在實驗室裡會讓他安心一點，但他並未因此反抗命令。當問到他是否會因為執行電擊而感到困擾或不安時，他說：「不會……我心想，這是一場實驗，而且耶魯大學知道該怎麼做，如果他們認為沒問題，我想應該就沒問題。他們比我清楚該怎麼做……我會遵照他們的指示去做……」之後，他又解釋說：

「這與一個人的人生原則，以及他接受什麼樣的養育方式，還有他設定的人生目標有關。再加上他的做事態度。我知道，如果我在軍中服役，（長官下令）「越過前面那座山，發動攻擊」，那麼我們就必須攻擊。中尉軍官說：「我們即將進入敵軍的砲火射程內，大家匍匐前進」，那麼我們就必須匍匐前進。如果你匍匐前進時遇到一條蛇，我親眼看過很多人有這樣的經歷，例如遇上了銅頭蝮，長官命令士兵不要起身，但他們還是起身，結果他們就被敵軍殺死了。因此我認為凡事取決於一個人的養成背景。」

在吉諾先生的故事中，雖然銅頭蝮是真實的危險，使士兵不由自主地起身，因而違背中尉軍官臥倒的命令。而最後那些違背命令的人也丟了性命。因此，即使在艱險的環境下，服從仍是最可靠的生存保證。這是討論結束時吉諾先生對於自己在實驗裡的反應所做的總結。

「在開門之前，我打從心裡相信那個人已經死了。當我看見他安然無恙時，我說：『太好了，真是太好了。』然而，即使我發現他真的死了，我依然不會感到不安。因為這是我的工作。」

吉諾先生說，實驗結束後過了幾個月，他並未感到不安，反倒是覺得整個實驗相當耐人尋味。當他收到最後報告時，他描述自己怎麼跟妻子談這件事：「我認為我表現得很好，我服從了命令，而且跟以往一樣，我恪守指令行事。於是我對妻子說，『總之，就是這樣。我認為自己盡忠職守。』妻子說，『如果那個人死了呢？』」

吉諾先生這麼回答說：「他死了，但這是我的工作！」

第 八 章

角色置換

Role Permutations

到目前為止，我們看到受試者對特定情境的反應，這些情境只約略做了機械性的更改，基本架構的部分則原封不動。誠然，受試者與受害者之間距離的變動會帶來重大的心理效應，但要探究社會行為的根源，我們還是必須對情境進行更大規模的分析才行。而要進行分析，我們不僅需要將受害者從實驗室的這一側挪到那一側，而且不能只分析核心條件，還要在更改過的情境化學作用中將這些條件重新組合起來。

在實驗環境中，我們發現了三個元素：**位置**、**地位**與**行動**。「位置」可以顯示實驗中的人員是負責下令電擊、執行電擊還是接受電擊。位置在概念上可以與實驗者或受試者的角色切割開來，這一點我們之後將做說明。「地位」——在研究中，它具有正反兩面的屬性——指擔任權威的人員或擔任一般人的人員。「行動」指三種位置中處於任何一種位置的人員所從事的行為，說得更明白一點，無論那人是支持或反對電擊受害者，他的行為都屬於這裡所說的行動。

到目前為止所報告的實驗中，這些元素之間的所有關係仍維持不變。舉例來說，行動總是與特定地位連結。因此，接受電擊的人總是一般人（相對於權威），而他的行動也總是在抗議電擊。

位置、行動與地位之間的關係只要一直維持不變，我們就無法回答某些最基本的問題。舉例來說，受試者回應的對象是電擊命令的內容，還是下達命令的人的地位？決定受試者行動的是傳達的指令本身，還是下達指令的人？

＝實驗十二　學習者要求遭受電擊

讓我們從實驗者與受害者之間命令的反轉談起。

到現在為止，實驗者一直告訴受試者持續電擊，而學習者一直抗議。在第一個角色置換中，這種情況將會反轉。由學習者要求遭

	人員1	人員2	人員3
位置	下令電擊的人	坐在控制面板前的人	接受電擊的人
地位	權威	一般人	一般人
行動	支持執行電擊	不確定	反對電擊
特定名稱	「實驗者」	老師	學習者
概念名稱	權威	受試者	受害者

圖 8｜角色置換

受電擊，而實驗者將禁止對學習者施加電擊。

這個角色置換的進行如下；學習者被電擊時發出哀嚎聲；但是，儘管他感到不適，他還是願意繼續進行實驗。在一百五十伏特的電擊之後，實驗者宣布中止實驗，他認為學習者的反應相當激烈，加上學習者的心臟不好，因此不應該繼續進行電擊。但學習者卻大聲表示他**想**繼續實驗，他有個朋友最近才參加這類實驗，而且持續到最後。因此，如果不讓他完成實驗，將有損他的

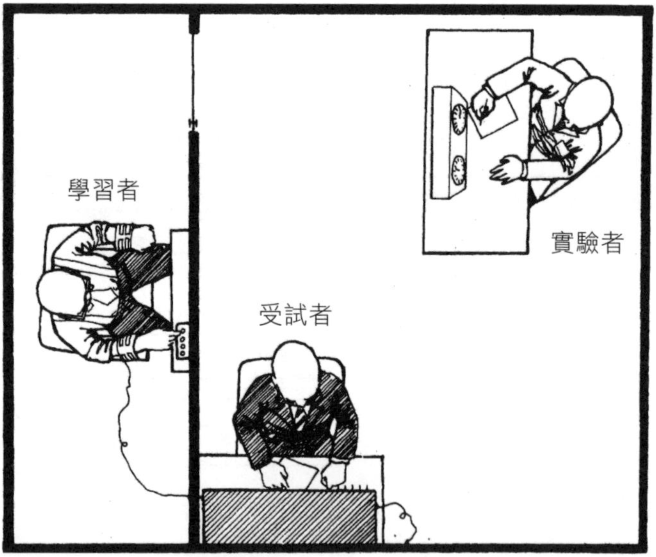

圖 9 | 學習者要求被電擊

男子氣概。實驗者回應說，雖然繼續進行實驗也很重要，但鑑於學習者的疼痛反應，必須停止電擊。學習者堅持要求實驗繼續進行，他表示，他來實驗室是為了「做一份工作」，而他也想完成這份工作。他堅持老師必須繼續進行程序。受試者因此面對著一個要求被電擊的學習者與一個禁止進行電擊的實驗者。

實驗的結果顯示在表四中。沒有任何受試者答應學習者的要求；每個受試者都服從實驗者的命令停止電擊。

受試者願意遵照權威的要求電擊學習者，但學習者要求受試者電擊自己時，受試者卻置之不理。從這點來看，受試者認為實驗者比學習者更有權利命令自己。學習者只是整個系統的一部分，而權威卻是整個系統的主宰。命令本身不具重要性，真正決定一切的是命令的源頭，也就是權威本身。在基本實驗中，當實驗者說「執行一百六十五伏特電擊」時，儘管學習者抗議，絕大多數受試者還是照做。然而，當學習者自己說「執行一百六十五伏特電擊」時，卻沒有任何受試者照做。當然，從權威界定的目的來看，這麼做毫無意義，只是顯示權威對整個情境的支配有多徹底。學習者想完整體驗所有的電擊強度，好向別人吹噓自己的男子氣概。但在實驗裡，受試者必須徹底支持權威的觀點，學習者個人的意願並非這場實驗考慮的因素。

要不要電擊學習者，這個決定並非取決於學習者的意願，也與受試者的惡意、善意無關，而與受試者受權威系統拘束的程度有關。

受害者與實驗者之間命令的翻轉，使標準情境出現極端的變化。即使未出現驚人的效果，但產生的結果也將與過去截然不同；然而，與以往的實驗條件相比，這樣的改變實在太大，反而難以找出明確的因果關係。改變實驗條件時幅度應該溫和一點，即使結果不會出現大幅度的變化，至少能更精確地找出影響結果的確切因素。

實驗十三　由一般人下令

最關鍵的問題與實驗者的權力根據有關，實驗者因此能勸說受試者電擊受害者。受試者之所以服從實驗者，是因為命令的內容本身，還是因為命令來自於權威來源？我們之前已經指出，實驗者的角色不僅擁有某種身分，也擁有發號施令的權力來電擊受害者。接下來，我們要去除身分這項因素，專注於討論發號施令。最簡單的做法是不讓實驗者下令，改由一般人來下令。[1]

改變後的實驗程序讓一般人（例如受試者）可以下令執行特定等級的電擊強度。三名受試者（其中兩名其實是實驗者事先安排好的）抵達實驗室，透過假抽籤讓其中一名事先安排好的受試者抽到受害者的角色。另一名安排好的受試者則負責根據實驗者桌上的時鐘記錄次數。不知情的受試者則抽到朗讀單字表與電擊學習者的工作。實驗者講解了一般指令，把受害者綁在電椅上，然後執行體驗電擊。然而，實驗者並未說明要使用哪一種強度來進行電擊。此時做假的電話響起，把實驗者叫離實驗室。實驗者看起來有些慌亂，但他急著要完成實驗，於是在離開實驗室前指示學習資訊將會自動記錄，而受試者必須持續進行實驗，直到學習者完全學會單字表的成對字彙為止（還是一樣，他未提及該使用哪一種電擊強度）。

實驗者離開實驗室後，假受試者興致勃勃地宣布，他剛剛想到一個好辦法來執行電擊，每當學習者答錯一題，就增加一級的強度；在整個實驗中，這位假受試者一直堅持

---

1 認為命令的內容本身是影響的主因，這種說法並非毫無根據。許多社會心理學研究顯示，即使沒有任何權威下令，同儕本身也會對個人造成影響（Asch, 1951; Milgram, 1964）。

表 4 | 角色置換實驗出現的最大電擊強度

電擊強度	文字標示與伏特數	實驗十二 學習者要求 遭受電擊	實驗十三 由一般人 下令	實驗十三a 受試者擔任 旁觀者
		(n=20)	(n=20)	(n=16)
	輕微電擊			
1	15			
2	30			
3	45			
4	60			
	中度電擊			
5	75			
6	90		1	
7	105			
8	120			
	強烈電擊			
9	135			
10	150	20	7	3
11	165		1	1
12	180			
	非常強烈電擊			
13	195		3	
14	210			
15	225			
16	240			
	劇烈電擊			
17	255		1	
18	270		1	
19	285			
20	300		1	
	極度劇烈電擊			
21	315			
22	330			
23	345		1	
24	360			
	危險：嚴重電擊			
25	375			
26	390			
27	405			
28	420			1
	XXX			
29	435			
30	450		4	11
	平均最大電擊強度	10.0	16.25	24.9
	受試者服從的百分比	0.0%	20.0%	68.75%*

＊ 這裡的受試者服從百分比，指十六名受試者當中，有多少人雖然不服從一般人命令，卻沒有妨礙一般人執行最大電擊強度。見本文。

（續上表）

電擊強度	文字標示與伏特數	實驗十四 權威擔任受害者	實驗十五 兩個權威：矛盾的指令	實驗十六 兩個權威：一個擔任受害者
		（n＝20）	（n＝20）	（n＝20）
	輕微電擊			
1	15			
2	30			
3	45			
4	60			
	中度電擊			
5	75			
6	90			
7	105			
8	120			
	強烈電擊			
9	135		1	
10	150	20	18	6
11	165		1	
12	180			
	非常強烈電擊			
13	195			
14	210			
15	225			
16	240			
	劇烈電擊			
17	255			
18	270			
19	285			
20	300			1
	極度劇烈電擊			
21	315			
22	330			
23	345			
24	360			
	危險：嚴重電擊			
25	375			
26	390			
27	405			
28	420			
	XXX			
29	435			
30	450			13
	平均最大電擊強度	10.0	10.0	23.5
	受試者服從的百分比	0.0%+	0.0%	65.0%

＋ 見本文，P.190 對這個數字的意義做了說明。

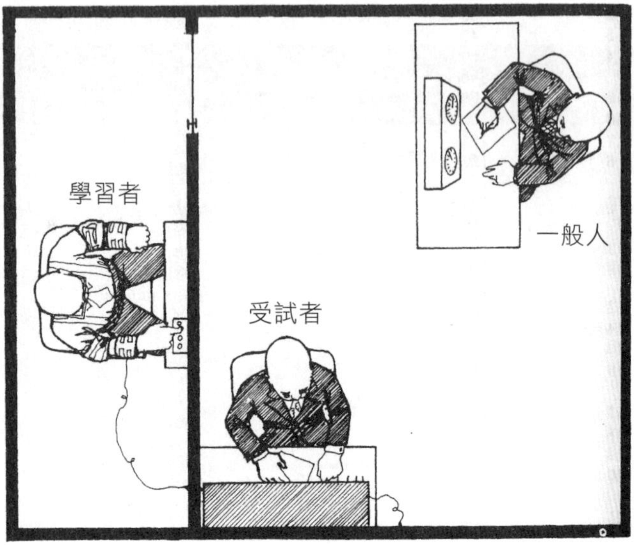

圖 10 | 一般人下令

大家必須遵守這個程序。

因此，受試者面對的是實驗權威界定的一般情境，但他接到的卻是由堅持電擊的一般人下達的執行特定強度電擊的命令，而這裡的一般人缺乏權威地位。

在討論結果之前，我們必須先對整個情境稍做評論。首先，這個實驗肯定要比通常的實驗更令人緊張。實驗者離開實驗室不僅有違常態，而且某種程度上破壞了情境的可信度。其次，雖然實驗的目標是讓命令失去權威性，但要完全有效做到這一點幾乎是不可能的。因為即使實驗者不在，現場還是留下許多衍生權威的痕跡。無論是整個情境還是執行電擊的想法，在此之前都已經被權威界定了。只有確切電擊強度這種細節內容才由一般人決定。權威雖然退居幕後，但參與者仍需在他設定的基本情境裡進行實驗。

不過，服從的程度確實明顯下降：雖然一般人堅持實驗必須繼續，而且使盡全力不斷說服受試者這麼做，但二十名受試者當中有十六名拒絕服從命令。實際的分布見表四。頂多只有三分之一的受試者願意像服從實驗者一樣服從一般人的命令。

在討論這些結果的意義之前，讓我們先探討這個實驗的延伸內容。

實驗十三a　受試者擔任旁觀者

當受試者拒絕服從一般人的指示時，我們引進了新的情境。假受試者對受試者拒絕服從感到不滿，於是表示如果受試者拒絕執行電擊，那麼就由他接下執行電擊的任務。於是，他要求受試者負責記錄電擊過程，自己則坐到電擊產生器前面。受試者不需要親自對學習者進行電擊，他只要在一旁觀看這個可怕的場景：充滿攻擊性的共同參與者一心實行他的計畫，打算逐步增加電擊強度。面對此情境的十六名受試者，幾乎全部反對共同參與者的行動；有五名受試者以實際行動阻止他按下電擊產生器，中斷電擊的執行。（有幾個受試者試圖拔掉產生器的電源；有四名受試者阻止了共同參與者。）一名身材壯碩的男子把熱衷電擊的參與者抬離椅子，然後將他扔到實驗室的角落，除非他答應不再繼續電擊，否則不許他移動半步。受試者在面對權威時可能十分被動，但在這個情境裡，有五名受試者像英雄一樣奮勇保護受害者。他們毫無顧忌地威脅一般人，而且毫不猶豫地批評他的判斷或當面提出指責；他們的態度與其他實驗裡受試者清一色表現出恭敬客氣的樣子大異其趣，因為在其他實驗裡，下令者是權威本身。兩者的差異見表四。

以下是某個受試者在共同參與者建議由他來執行電擊時說的話：

一般人：需要我幫你執行嗎？

受試者：你坐著別動！不需要你來接手我的工作。（受試者想讓受害者離開房間，但無法成功，因為房門鎖上了。受試者表示要去找實驗者。一般人再次表示要執行更多次電擊。）

受試者：不——不行。（他對著一般人大吼）我說不行！意思就是「不行！」你傷害他，而……他想出去。我要去找實驗者。你再傷害他的話，我奉勸你最好先把眼鏡拿下來。

大多數受試者認為，他們拒絕服從一般人的命令等於是執行實驗者要他們做的事。當被問到對一般人有什麼看法時，他們回道：

「他是那種能一整天一直按鈕的人——反正他不是坐在另一頭接受電擊的人。他要是活在中世紀，或許可以專門負責拷問。」

「太偏執了，我不會想當這個人的孩子。他一直堅持，『我們繼續，我們繼續。』……他一直反覆地說：『我有個主意。』我認為他的想法太嚴苛了。」

「我認為他有些太殘酷。對方完全沒回應，他還是照樣進行電擊。」

但是，有四名受試者在一般人的催促下一直堅持到最後，其中一名受試者描述他對一般人的印象：「我認為他是個堅決的老師。一個能幹的老師。堅決的意思是指他絕不鬼混偷懶。他心裡有個計畫，必須正確執行這個計畫，這是他的態度。就他的能力來看，根本用不著我們來做，他可以把實驗進行得非常好。」

＝實驗十四　權威擔任受害者：由一般人下令

目前我們已經討論了下令電擊的人的地位問題。接下來我們要思考接受電擊的人的地位問題。

如果我們要詳盡說明位置與地位的置換這個更為重要的問題，那麼這種改變是不可或缺的。我們必須注意權威當成受害者會產生什麼效果——亦即，把實驗者的地位安插到受害者的位置上。但這樣一來，該由誰下令電擊，是權威，還是一般人？我們接下來會描述這兩種情境，不過，讓我們先從一般人下令電擊權威開始。

為了創造出讓權威能合理地在一般人指示下接受電擊的情境，我們必須運用以下程序。兩個人抵達實驗室，他們抽籤決定老師與學習者的角色。實驗的進行跟以往一樣，實驗者開始說明學習者答錯時要接受的懲罰。此時，學習者突然面有難色，表示害怕受到電擊。不過學習者也說，如果有人（例如實驗者）從頭到尾為他示範整個流程，那麼他就願意參與實驗。實驗者表示他急需受試者，而且一直很難找到自願接受電擊的人，所以他同意親自示範一次。不過，他要求示範完之後，抽到學習者的人就必須乖乖擔任學習者。實驗者於是被綁在電椅上，身上塗了電極糊等一些必須的準備工作。實驗繼續進行，由真正受試者（即老師）負責電擊實驗者，而與實驗者串通好的假受試者（即學習者）則坐在實驗者的位置上。

到了一百五十伏特時，實驗者要求鬆綁，但假受試者硬是堅持必須依照協議進行實驗。因此，受試者發現自己必須電擊要求鬆綁的實驗者，而一般人則堅持電擊必須持續，就像由他擔任學習者的狀況一樣。

這場實驗的性質變得有點不尋常，而從這點來看，我們必須說這場實驗進行得很順

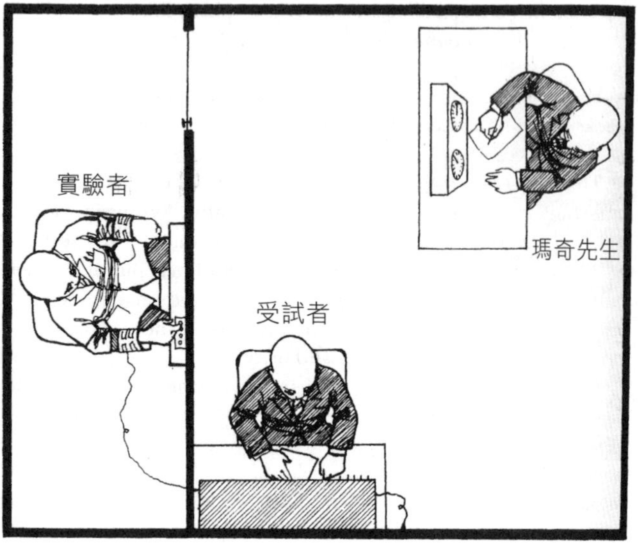

圖 11丨權威擔任受害者：由一般人下令

利，而且看起來合理得不可思議，這都要歸功假受試者的演技天衣無縫。以下是這場實驗的文字紀錄：

他們才剛抽完籤。不知情的受試者擔任老師。與實驗者串通好的假受試者瑪奇先生（Mr. March）擔任學習者。

實驗者：首先我們要做的是將學習者固定在椅子上，這樣他才能接受懲罰。請隨我到隔壁房間。

瑪奇先生：你說的懲罰是什麼意思？

實驗者：我們有這部機器，也就是電擊產生器。我們使用的懲罰方式是電擊。

瑪奇先生：我要被電擊嗎？

實驗者：如果你在課程中犯錯，老師會電擊你。

瑪奇先生：你是說十五伏特、三十伏特嗎？

實驗者：是的。

瑪奇先生：我希望他會一直停在這裡（指著較低的電擊強度）。

實驗者：這要看你的表現了，瑪奇先生。要看你在課程中的進展如何。

瑪奇先生：會提高到七十五伏特嗎？

實驗者：有可能。這要看你答錯幾題來決定。

瑪奇先生：會提高到一百二十伏特嗎？

實驗者：是的，有可能……

瑪奇先生：我遭受的電擊最強可能到幾伏特？

實驗者：還是一樣，完全看你在課程中的表現。

瑪奇先生：假使我表現得不是很好，我可能遭受多大強度的電擊？

實驗者：我想，老師照理應該要執行電擊直到最後，這是實驗的要求。但是……這完全要看你……在課程中的表現。

瑪奇先生：我不想接受那麼強的電擊，我只能接受到這個程度（指了較低的電極強度）。你知道的，十五伏特。

實驗者：坦白說，因為電擊的關係，我們一直很難找到自願者來參加這個實驗。

瑪奇先生：這不難理解。

實驗者：因為實在太難找到自願者，所以我自己曾嘗試在某次實驗中親自擔任學習者。坦白說，我們今晚一定要完成實驗。我們的時間很緊迫。如果我們無法讓每個人跟我們合作，完成整個實驗，那麼我們今晚就無法結束這個工作。因此，我真的很感謝你們的合作。

瑪奇先生：如果我能得到一些保證。舉例來說，如果你能先做一次整個實驗，向我顯示你承受得了電擊，那麼我一定參與這場實驗。總之，要有人顯示能承受得了這些電擊才行。

實驗者：瑪奇先生，我們打個商量。如果我擔任學習者，從頭到尾做完整個實驗，你願不願意也擔任學習者，做完整個實驗？

瑪奇先生：你是說你會跟我一樣，整個實驗完全做過一遍，也就是說，接受全部的電擊？

實驗者：是的，從頭到尾完整接受電擊。

瑪奇先生：如果我看到你這麼做了之後還能自己走出實驗室，那麼我就跟著做一遍。

實驗者：好，有何不呢？其實這麼做對我們有好處。這樣就是兩場實驗，而不只是一場實驗，今晚的進度剛好可以達成。我們何不這麼做呢？先由我參與實驗。我一完成實驗，就輪到你擔任學習者，好嗎？

瑪奇先生：沒問題。

實驗者：好，就這麼說定了。

瑪奇先生：如果你做完整個實驗，而且承受得住，我就參與整個實驗。

實驗者向坐在電擊產生器前的不知情受試者下了指令；受試者於是將實驗者綁在電

椅上，然後塗上電極糊與做了一些準備工作。以下是從實驗者開始要求鬆綁時進行的文字紀錄：

（執行一百五十伏特電擊）

實驗者（大叫）：先生們，夠了！

受試者：我可以理解。

瑪奇先生：喔，不，讓我們繼續。喔，不，再堅持一下，我可是跟你一樣要參與整個過程。我們繼續下去吧。加油，我們繼續進行。

受試者（對實驗者說）：你怎麼說？

瑪奇先生（打斷受試者的話）：他說過，我可能要承受到四百五十伏特。我要看看他能不能做得到。

受試者：不過，他承受不了。再繼續下去沒有意義，你知道我的意思。

瑪奇先生：喔，不。

受試者（對瑪奇先生說）：你任何時候想叫停都可以。好嗎？可以嗎？

瑪奇先生：他說我們必須學習整個實驗過程。

受試者：但我不想讓這個人受折磨。你看，我們進行到的強度已經很高了，都一百六十五伏特了。

瑪奇先生：他說過，你們必須學習整個過程。他還說過，你們可以一直進行到最後。

受試者：呃，我會讓他做決定。如果他不想繼續，那麼我們就停止。

實驗者：拜託，停止實驗吧。

受試者：好的。

（受試者隨即走進小房間，為實驗者鬆綁。瑪奇先生仍舊堅持實驗必須繼續。）

瑪奇先生：你不是跟我說……

實驗者：別管我說什麼了，我要停止實驗。

受試者：（一邊幫實驗者鬆綁，一邊和緩地說）：真的挺嚇人的。我可以想像電擊是什麼樣子。每一次我按下按鈕，你整個人都跳了起來。你知道你讓我體驗的電擊強度是多少嗎？是不是七十五伏特？而他現在給你電擊的強度是一百六十伏特。

瑪奇先生電擊實驗者的命令完全遭到漠視，如表四所示。當遭受電擊的實驗者首次抗議時，每個受試者馬上停下來，並且拒絕進行更進一步的電擊，毫無例外。此外，許多受試者馬上趕去協助實驗者，跑到另一個房間為他鬆綁。大部分的受試者同情實驗者，卻有意忽視只是一般人的瑪奇先生，彷彿他是個瘋子。

許多受試者解釋他們立即回應是基於人道立場，而不是因為實驗者的權威。顯然，把自己的行為解釋成基於個人仁慈而非遵從上級指令，這會讓受試者更有滿足感。當他們被問到如果電擊的是一般人會怎麼做時，這些受試者嚴詞否認他們會不顧受害者的抗議繼續進行電擊；他們顯然無法正確評估權威對他們決定的影響力。個人在日常生活中採取的行動看起來來自內在的道德品格，實際上往往是受到權威的觸發。

我們已經檢視了三個實驗，由一般人而非權威來指示另一個人執行電擊。在第一個實驗中，學習者為了展現自己的男子氣概，要實驗者繼續進行實驗，但實驗者卻下令停止實驗。沒有任何受試者同意學習者的要求繼續電擊。在第二個實驗中，實驗者不在現場，但授權由一般人下令對另一名參與者進行電擊，而且電擊強度逐步增加，絲毫不理會受害者的抗議。二十名受試者有十六名拒絕服從。在第三個實驗中，由一般人下令電擊權威。權威要求停止時，所有受試者馬上停止，完全無視一般人的冷酷命令。

這些研究證實了一項核心事實：決定回應的關鍵因素是權威，而非電擊的命令。命令如果不是來自權威，就會喪失效力。有人認為下令傷害他人會激勵一個人的攻擊動機與虐待本能，這種想法顯然忽略了實驗中曾有受試者勇於拒絕服從。因此，重點不在於受試者做了什麼，而是他們為誰這麼做。

雙重權威

到目前為止，我們注意的焦點是一般人與權威之間的衝突。接下來我們要探討，當權威本身陷入衝突時，會產生什麼結果。在現實生活中，我們有時會在數個權威之間做選擇，而我們將藉由實驗考察這種現象。當不同的權威同時要求做出相反的行動時，一個人可能根據自身的價值來決定自己要服從哪個權威的命令。或者是由兩個彼此衝突的權威協調出最後的結果。不難想見，這種情況會讓受試者內心交戰，他不僅要決定是否電擊受試者，也要決定服從哪個權威。我們也要探討在什麼條件下權威可以有效行使權力，在什麼條件下不行。

‖實驗十五　兩個權威：矛盾的指令

在這個實驗裡，受試者抵達實驗室時，他面對的是兩名實驗者，這兩名實驗者都穿著灰色技術人員制服，並且輪番朗讀指令。兩名實驗者的年齡、身高相仿，但其中一名（實驗者A）看起來要比另一名（實驗者B）來得溫和。參與這個實驗的受害者是一名矮胖的會計師，他被綑綁在椅子上。所有程序都跟標準實驗一樣。兩名實驗者坐在控制桌後頭，兩個人看起來都在記錄受害者的反應。兩名實驗者的動作協調一致，不過到了一百五十伏特時，這樣的和諧關係突然中止。（回想起來，受害者也是到了一百五十伏特時才開始大聲抗議。）其中一名實驗者命令繼續實驗。然而另一名實驗者卻向不知情

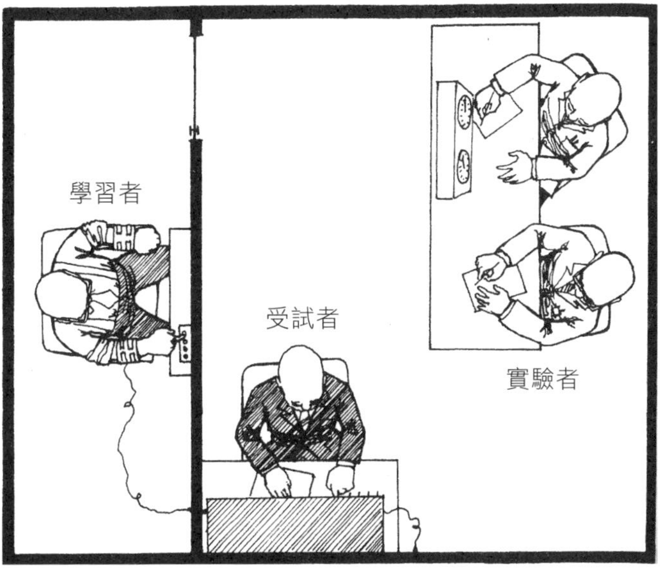

圖 12 | 兩個權威：矛盾的指令

的受試者下了完全相反的指令。

惡意的權威施加的壓力不會小於其他狀況的權威。他要求受試者繼續，並表示受試者沒有其他選擇。但是，他的命令卻被第二個權威破壞，因為後者的命令跟他完全相反。

最終結果比我們預期的要來得平和。兩名實驗者就好像兩名意見不和的上司，他們都認為自己的立場是正確的。然而，兩名實驗者彼此間並不爭論，而是把火力集中在受試者上。受試者因此發現到自己要面對兩個彼此衝突且具同樣具有權威的指令。以下是他們的對話紀錄樣本：

實驗者A：我們必須停止。

實驗者B：實驗要求我們繼續。老師，請繼續。

受試者：哇，怎麼搞的！

實驗者A：受試者感到痛苦。我們不能繼續實驗。

實驗者B：各位，我們沒有別的選擇；實驗要求我們繼續。請繼續。

實驗者A：停止！我們不會繼續進行實驗。

實驗者B：威廉斯先生，實驗要求我們繼續。

受試者：我希望你們兩個能做好決定。

（停頓。）

受試者：等等，要執行的是哪個命令？一個說停，一個說繼續。我到底該聽誰的？

受試者面對兩個互不相容的命令，而這兩個命令都是由具有權威的人下達的。實驗結果顯示在表四，而且相當明確。二十名受試者中，只有一名在意見不合之前停止，十八名不偏不倚剛好就在兩名權威首次發生爭執時停止。還有一位是在下一個電擊強度停止。顯然，權威之間的衝突完全癱瘓了實驗。沒有任何受試者「利用」指示繼續進行實驗；也沒有任何例子顯示具有攻擊性動機的個人抓住惡意權威提供的機會進行電擊。相反地，行動就這樣停止了。

值得一提的是，相對來說，在其他實驗條件下，無論受害者做什麼——乞求、叫喊或其他因電擊而產生的反應——都無法讓受試者明快地停止實驗。這是因為行動總是從社會階序的高處往低處流；也就是說，受試者會回應層級比他高的人所下的信號，對於層級比他低的人卻愛理不理。一旦從高層流出的信號遭到「污染」，那麼整個階序體系的一致性就會遭到破壞，對行為的約束也隨之失靈。

這個實驗出現了一個耐人尋味的現象。有些受試者一直想重建有意義的階序。他們的做法是努力搞清楚哪一個實驗者擁有較高的權威。不曉得上司是誰令他們感到不安，因此受試者有時會急著想確定誰能作主。

═實驗十六　兩個權威：一個擔任受害者

在剛才描述的實驗中，所有的努力都放在讓兩名實驗者擁有相同的權威，例如讓他們穿上相同的服裝，坐在相同的位置，在實驗中擁有相同的下令機會。因此，不只是實驗者的地位，就連在情境結構內的位置也要一樣，這樣兩個人看起來才完全平等。然而，這個實驗引發了一個有趣的問題。決定實驗結果的因素是否單純只是權威的命令，還是說也跟實際狀況下位置的對等有關？亦即，權威是否只取決於身分等級的高低，還是說很大程度上取決於個人在情境行動結構的實際位置？舉例來說，一個國王坐在王座上時擁有很大的權威，然而一旦下獄就無法發號施令。他的權力基礎部分來自他身為權威的實際功能以及一切附加條件與配備。此外，如果彼此衝突的多重權威無法在階序結構裡同居於類似位置，那麼在這種狀況下，某個權威若能擁有情境優勢，就足以讓他獲得下位者的效忠。現在讓我們結束這段有點像是空想的討論，重新回來檢視實驗本身。

這個實驗的設計大致與上一個實驗類似，受試者同樣面對兩名實驗者，而這兩名實驗者看起來具有相同的權威。然而，在一開始，當兩名實驗者與受試者等待第四名參與

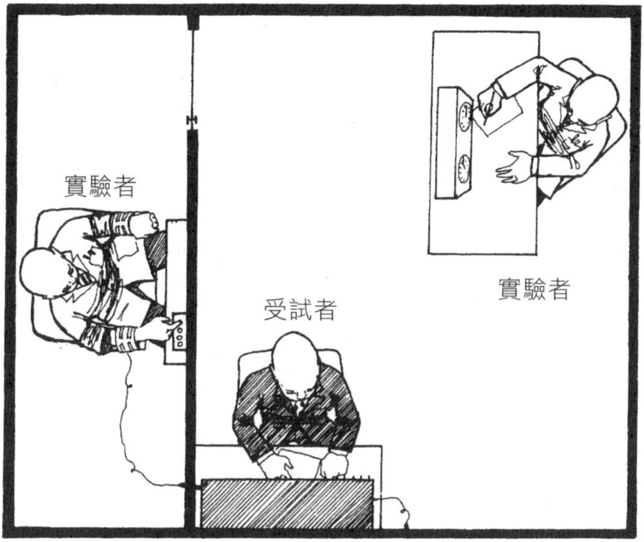

圖 13 | 兩個權威：一個擔任受害者

者出現時，實驗室接到一通電話。第四名參與者取消了約定，無法參加實驗。兩名實驗者感到失望，並表示他們急於在當晚完成資料的蒐集。其中一人建議，由一名實驗者擔任受試者——雖然這樣的替代有點倉促，但至少能讓他們達成實驗配額。兩名實驗者擲銅板決定由誰擔任受試者。輸的人與受試者抽籤決定誰擔任老師與誰擔任學習者。做假的抽籤使實驗者抽中學習者，而他因此被綑綁在椅子上。他的表現就像一般的受害者一樣。到了一百五十伏特時，他大叫說受夠了，並且要求停止實驗。然而，第二名實驗者堅持實驗必須繼續。這裡跟前面的雙重權威實驗有個重大差異：在這裡，兩個權威雖然下的命令依然矛盾，但兩人在情境結構裡所處的位置不對稱。其中一名實驗者扮演受害者的角色，而另一名則藉由擲銅板而居於上級的地位。

這個實驗的結果顯示於表四。

實驗的結果令人印象深刻：跟毫無權威的受害者相比，被綁在電椅上的實驗者，狀況沒有好到哪裡去。事實上，所有的受試者反應幾乎呈兩極化：不是在他要求停止時馬上停止，就是完全不理會他的要求。二十名受試者中，只有一名未落入這種全有全無模式。但整體而論，實驗者並沒有比相同情境下的一般人獲得更好的待遇。顯然，他失去了身為權威所擁有的權力。

思考一下以下三種結果：

一、當一般人下令電擊實驗者時，一旦實驗者開始抗議，所有受試者都停止執行命令（實驗十四）。

二、當兩個地位相同，而且同樣坐在控制桌前的實驗者下達彼此衝突的命令時，沒有任何受試者執行命令（實驗十五）。

三、當實驗者要受試者電擊另一名實驗者時，遭電擊實驗者的抗議效果沒有比一般人高（實驗十六）。

第一個問題是，當實驗者擔任受害者時，為什麼他會喪失權威，反觀在實驗十五卻依然保有權威？

最普遍的原則是，受試者的行動受地位較高的人指揮。同時，在實驗中有壓力迫使受試者做出一致的行動。然而這樣的一致性唯有在階序明確毫無矛盾與衝突時才會產生。

比較實驗十四

在實驗十四中，實驗者首次抗議，受試者便停止實驗，此時的受試者遵循「地位較高者控制行動」的原則。瑪奇先生一直要求電擊實驗者，卻徒勞無功。反之，實驗者一開口要求停止實驗，所有受試者馬上照做。瑪奇先生的命令完全無法與實驗者的命令競爭。他的地位使人無視他的指令，他看起來就像孩子穿著將軍的靴子，以為這樣就能指揮大軍。不可避免地，行動總是受較高權威的人控制。

比較實驗十五

在實驗十五中，坐在控制桌前的兩名實驗者下達彼此矛盾的指令時，所有行動陷入癱瘓，因為受試者無法明確辨識誰具有較高的權威，因此無法決定該聽從誰的命令。權威系統要有效運作，關鍵在於個人要從上級接獲命令，而後針對指定的對象採取行動。這個系統運作的最基本條件是清楚而一致的命令。當出現兩個彼此矛盾的命令時，受試者會找出誰才是長官，並且依照他的指示行動。當無法判別誰是長官時，就無法採取行動。因為命令從源頭就出現不一致。權威系統想有效運作，必須排除這些矛盾。

在實驗十六中，其中一名實驗者為什麼完全喪失權威？受試者在實驗開始前看到的階序是明確的，並無矛盾與衝突。因此，受試者可以運用任何可能的依據來查明與回應較高的權威。在實驗十六中：

一、其中一名實驗者願意扮演受害者的角色。因此他暫時喪失了權威地位，反觀另一名實驗者仍保有權威地位。

二、權威不只是發號施令，還必須在社會定義的情境下居於特定的行動位置。被關在地牢的國王，發現自己要求臣民服從的權威化為烏有。原本是實驗者的人發現自己淪為受害者，而他面對的則是坐在控制桌前的權威。

三、實驗者坐在控制桌前，光是這點就足以加添既有的權威，而這麼一點小小的加添，意義卻十分關鍵。在階序控制的本質中，對地位最高者的回應總是全有全無。不需要太高的地位，只需比其他人略高就行。就像在平衡的蹺蹺板上加顆小石子一樣，小小的加添就會決定控制力的有無。最終結果絕非妥協的結果。

權威系統的運作以階序內人員地位的高低為基礎。因此，決定控制的關鍵在於誰能命令誰？權力大小不是最重要的，重點是清楚的階序地位高低。

第九章

群體效果

Group Effects

個人獨自反對權威，力量是微弱的，必須結合他人形成群體才有強大的力量。佛洛伊德（Freud）曾描述一樁典型的事件（一九二一年），他提到受壓迫的兒子團結起來，反抗專制的父親。德拉克羅瓦（Delacroix）描繪群眾起而反叛不公不義的權威；甘地（Gandhi）成功激勵民眾以非暴力手段對抗英國當局；阿蒂卡監獄（Attica Penitentiary）的犯人組織起來，短暫地挑戰了監獄當局。個人與同儕的關係可以和個人與權威的紐帶關係一較高下，有時甚至能予以取代。

一致與服從的區別

在這裡，我們必須先區別「服從」（obedience）與「從眾」（conformity）這兩個詞。尤其「從眾」的意義很廣泛，為了討論需要，我會把「從眾」的意義局限為受試者採取與同儕以及與自己地位相同的人——這些人沒有特殊權利來指揮他的行為——相同的行動。「服從」則局限為受試者遵從權威指示而採取的行動。以被徵召入伍的軍人為例，他小心翼翼地執行上級命令。同時，他也採納同儕的習慣、日常工作與語言。前者代表服從，而後者代表從眾。

索羅門・艾許（S. E. Asch）曾進行過一系列精采的從眾實驗（一九五一年）。六名受試者組成一個群體，讓他們看一條一定長度的線，然後問他們，另外三條線當中哪一條線與這條線一樣長。我們事先已祕密告知群體裡五名受試者，要他們在每一次或一定比例的實驗中選擇「錯誤的」那條線。剩下的那名不知情的受試者在這樣的安排下，在說出自己的決定之前，會先聽見群體裡大多數人的答案。艾許發現，在這種形式的社會壓力下，大部分受試者寧可與群體一致，也不願接受自己親眼所見確切無疑的證據。

艾許的受試者「從眾」。而我們實驗裡的受試者則是「服從」實驗者。服從與從眾指的都是自己不做決定，而以外人的決定做為自己的決定。但服從與從眾在幾個地方有著重大差異：

一、**階序**。服從權威在階序結構中產生，在階序結構裡，行動者覺得上級有權指揮行為。從眾約束相同地位的人之間的行為；服從則連結某個地位與其他的地位。

二、**模仿**。從眾是模仿，服從不是。從眾導致行為的同質化，因為受影響的人逐漸採納同儕的行為。服從則是順從影響者，而非模仿影響者。士兵不只是口頭重複他所接受的命令，而且要執行命令。

三、**明確**。在服從的狀況下，對行動的規定是明確的，它採取了命令或指揮的形式。在從眾的狀況下，與群體一致的要求通常是含糊的。因此，在艾許針對群體壓力所做的實驗中，群體成員並未公然要求受試者與他們一致。受試者是自發地採取行動。事實上，許多受試者反對群體成員對一致的公然要求，因為這個情境被定義為由一群平等者組成，沒有人有權利命令對方。

四、**自願主義**。然而，服從與從眾最清楚的區別來自於受試者如何解釋自身行為。受試者在解釋自身行動時，往往「否認」從眾而「擁抱」服從。接下來讓我說明這點。在艾許的群體壓力實驗中，一般來說受試者會低估群體成員對他們的行動的影響。他們輕視群體效果，而且試圖強調自己的自主性，即使他們在每一次實驗中早已屈從於群體。他們時常堅持，如果他們判斷錯誤，那麼這是他們自己的錯，可以歸咎於他們的眼光有瑕疵或判斷力有問題。他們極力撇清自己是在從眾下做的決定。

在服從實驗中，受試者的反應出現一百八十度的轉變。在這裡，受試者解釋自己為什麼電擊受害者時，往往否認個人參與其中，而且將自己的行為完全歸咎於權威加諸的外在要求。因此，一方面，從眾的受試者堅稱自己的自主性未受群體影響；另一方面，服從的受試者卻認為自己在電擊受害者上毫無自主性，他的行動完全不是出於自己的意思。

為什麼會如此？其中的原因在於從眾是在壓力下產生的反應，而壓力是曖昧不明的，因此受試者會認為自己的行為完全是自動自發。受試者無法找出正當的理由來說明自己為什麼屈服於同儕，因此他在實驗者面前否認自己從眾，不僅如此，他甚至相信自己真的做了自主的決定。服從的狀況則完全相反。情境被公開界定為毫無自願主義成分，因為當中存在著明確的指令，而受試者應遵守指令。受試者於是利用這個情境的公開定義來合理化自己的行動。

因此，服從與從眾的心理效果是不同的。兩者都是強有力的社會影響形式，我們將在接下來的實驗中調查它們的角色。[1]

---

1 托克維爾（de Tocqueville）精明地發現，從眾是人與人之間民主關係的合理約束機制。之所以說這種關係是「民主的」，原因在於這種關係對當事人產生的壓力不會讓當事人優於或劣於施壓者，而是讓當事人與施壓者趨同。

實驗十七　兩名同儕的反抗

我們曾經提過，反對具有惡意的權威，最有效的做法是集體行動，而非個別行動。每個革命群體都曾得到這樣的教訓，而這一點也能在實驗室裡靠著簡單實驗加以證明。我們先前已經看到，受試者的道德原則與在實驗室裡的實際表現有著不小的落差。儘管在電擊受害者時，受試者提出了抗議且顯露出內心交戰的神態，但絕大多數的受試者還是無法拒絕實驗者的權威，而是持續遵循他的指示直到最大的電擊強度。

現在，我們可以檢視在什麼狀況下群體的影響力可以讓受試者擺脫權威的控制，願意依照自己的價值與標準來行動。我們的策略是把基本的實驗再做一次，但是有一個地方不同：受試者坐在兩名同儕之間，這兩個人公然違背實驗者的指示，拒絕懲罰受害者。這兩名同儕的行動所形成的壓力，會對不知情的受試者的行為產生多大的影響？

技術

四名受試者出現在實驗室，他們參與的是「集體教導與集體懲罰對記憶與學習的效果」實驗。其中三名受試者是實驗者刻意安排的，只有一名是不知情的受試者。實驗者解釋這次研究會用到三名老師與一名學習者，並且利用做假的抽籤讓不知情的受試者擔任老師三。老師一、老師二與學習者則由刻意安排的受試者擔任。學習者被固定在電椅上，三名老師則坐在電擊產生器前面。老師一接到指示，負責朗讀單字表，老師二負責告訴受試者答案是否正確，而老師三（不知情的受試者）則負責執行懲罰。與基本實驗一樣，受試者得到指示，學習者每答錯一次，就增強一級電擊強度。

刻意安排的受試者的行為。刻意安排的受試者遵照實驗者的指示，一路將強度提高到一百五十伏特，此時受害者首次大聲抗議。老師一也在這個時候向實驗者反映，因為學習者抱怨的緣故，他不想繼續下去。實驗者堅持老師一繼續。然而，老師一不為所動，只見他從電擊產生器前面的椅子起身，走到房間另一邊的椅子坐下。由於實驗者無

服從源自於人際關係的不平等，同時也反過來鞏固了人際關係的不平等。因此，服從推到極致就成了法西斯主義理想中的約束機制。從這點來看，以人類不平等為基礎的政府哲學將服從抬升成絕對美德也是相當合理的事。服從的行為產生於階序的社會結構中，造成上級與下級之間行為分化的結果。因此，不意外地，第三帝國特別強調優等與劣等族群的分別，重視迅速、醒目與自豪的服從，要求一聲令下每個人就立正站好，馬上執行命令。

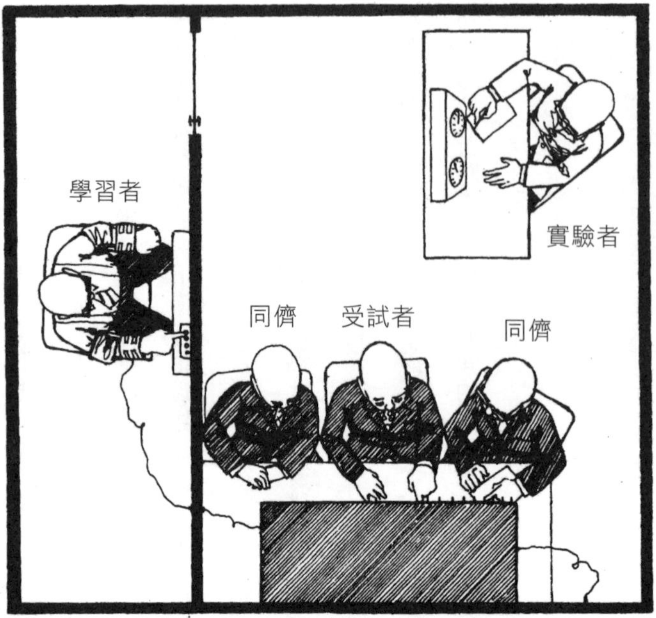

圖 14 | 兩名同儕的反抗

法讓這名受試者回到產生器前面，於是指示剩下的兩名受試者繼續進行實驗。老師三（不知情的受試者）除了負責電擊學習者外，此時還要負責朗讀單字表的工作。

在執行了強度第十四級（二百一十伏特）的電擊之後，老師二對於學習者的狀況表示關注，並且拒絕繼續參與實驗。實驗者命令他繼續，但與老師一一樣，他也離開產生器前方的椅子，然後坐在房間另一邊的椅子上，他說：「我願意回答你的任何問題，但我不願意不顧那個人的意願對他施以電擊。我不願繼續參與實驗。」

此時，只剩不知情的受試者一個人坐在電擊產生器前面。他親眼看見兩名同儕的反抗行動。實驗者命令他繼續，表示完成實驗是很重要的事。

這場實驗的結果顯示在表五。在這個群體設定下，四十名受試者當中有三十六名不聽從實驗者的指示（相對地，在沒有群體壓力下，不聽從的受試者只有十四名）。同儕反抗大大耗損了實驗者的權威。事實上，在本研究進行的各種實驗中，最能有效削弱實驗者權威的莫過於這裡提到的同儕反抗。

對於不服從的同儕，受試者有何反應。不知情的受試者對於那些反抗的同儕，產生的反應不盡相同，而這些反應有部分與受試者不服從實驗者的時點有關。和第一名同儕同時退出的受試者表示：「我已經想好，那個人一退出，我就跟著退出。」絕大多數不服從的受試者都這麼稱讚同儕：「我認為他們是心地善良的人，我的確這麼想。當受害者說『停止』的時候，他們也停止了（在強度第十一級停止）。」「我認為他們是非常有同情心的人……他們完全不知道這麼做會有什麼結果（在強度第十四級停止）。」

表 5 | 群體實驗中執行的最大電擊強度

電擊強度	文字標示與伏特數	實驗十七 兩名同儕的反抗 （n＝40）	實驗十八 同儕執行電擊 （n＝40）
	輕微電擊		
1	15		
2	30		
3	45		
4	60		
	中度電擊		
5	75		
6	90		
7	105		
8	120	1	
	強烈電擊		
9	135		
10	150	3	1
11	165	4	
12	180	1	1
	非常強烈電擊		
13	195	4	
14	210	12	1
15	225		
16	240		
	劇烈電擊		
17	255		
18	270	4	
19	285		
20	300	2	
	極度劇烈電擊		
21	315	3	
22	330		
23	345		
24	360	1	
	危險：嚴重電擊		
25	375		
26	390	1	
27	405		
28	420		
	XXX		
29	435		
30	450	4	37
	平均最大電擊強度	16.45	28.65*
	受試者服從的百分比	10.0%	92.5%**

＊ 數字的意義見本文P.121。

＊＊ 同上。

一名在強度第二十一級退出實驗的受試者，他在肯定的同時，語氣也有所保留：「我認為他們應該再堅持一下，但我們認為他們退出是情有可原。」

有四名不服從的受試者明確承認同儕的行動確實左右了他們不服從的決定：「要不是另外兩個人決定退出，我想我不可能萌生中止實驗的念頭（在強度第十四級中止）。」「我之所以退出，是因為我不想「讓其他兩個已經退出實驗的人覺得，我是個麻木殘酷的人（在強度第十四級中止）。」然而，絕大多數不服從的受試者都否認自己的反抗是受到同儕影響。

在仔細分析實驗情境之後，我們發現有幾個要素足以說明群體對受試者的影響：

一、同儕讓受試者產生反抗實驗者的「念頭」。如果沒有同儕的行動，恐怕一些受試者完全不會產生這樣的想法。

二、在先前的實驗中，受試者只有一人，他不確定反抗實驗者的行為會不會是一種古怪的行徑，抑或是實驗室裡常見的行動。他看見了兩個不服從的例子，使他認為不服從是這個情境下的自然反應。

三、不服從的同儕所做的反應，明確表示電擊受害者的行為是不適當的。同儕的反抗顯示了一種社會確信，使受試者深信在違背受害者意志的狀況下懲罰受壞者是不對的，即使是進行心理實驗也不能如此。

四、不服從的同儕即使退出實驗，也仍然待在實驗室裡（他們同意在實驗後回答問題）。因此，當不知情的受試者繼續進行電擊時，他必須承受實驗室裡兩名同儕社會不認同的壓力。

五、只要兩名同儕繼續參與實驗程序，電擊的責任就能由三人一起分攤。當同儕退出實驗時，責任就完全落到不知情的受試者身上。

六、不知情的受試者親眼目睹了兩樁不服從的實例，也發現反抗實驗者的「結果」微不足道。

七、實驗者的權力因為無法讓兩名同儕就範而受到損害，常識告訴我們，權威下達的命令每被違反一次，權力就減損一分（Homans, 1961）。

群體能如此有效地損害實驗者的權力，此事提醒了我們，個人採取行動主要基於三個理由：個人行動時遵循一套內化的行為準則；個人會留意自己的行為是否會使權威對他們施加懲罰；最後，個人會留意自己的行為是否會使群體在潛在中對他們施加懲罰。當個人想對抗權威時，他會盡可能在群體中尋求奧援。人與人的互助是我們對抗權威濫權時最堅固的堡壘。（但群體也不一定總是站在正確的那一方。濫用私刑的暴民與結黨掠奪的惡棍提醒我們，群體的影響也可能是邪惡的。）

實驗十八　同儕執行電擊

權威當然知道群體的影響力，因此平時就會利用同儕來加強服從。我們只要對實驗稍作變化就能證明這一點。在受試者與電擊受害者的結果之間增加某種力量或事件，添加某種要素使受試者與受害者變得疏遠，就能減少參與者的緊張感，並且降低不服從的可能性。在現代社會中，我們與我們造成的最終毀滅性行為之間總是有各色各樣的人物隔絕著。

事實上，現代科層制度的運作就是如此，即使整個科層從事的是某種毀滅性的目的，但投身組織的絕大多數人都未直接參與毀滅性的行動。他們傳遞文件、運送軍火或執行各種行動，雖然這些行動促成了最後的毀滅性效果，但這些執行者的眼睛與心靈卻與最後的結果毫無接觸。

為了在實驗室裡檢視這種現象，我們必須稍作變化，我們不讓不知情的受試者電擊受害者，而是將這個任務交給另一名參與者（刻意安排的受試者）。不知情的受試者負責執行輔助任務，雖然這個任務促成了整個實驗流程，但不知情的受試者完全未參與實際按下按鈕進行電擊的過程。

受試者的新角色扮演起來輕鬆多了。表五顯示四十名受試者中止實驗的分布狀況。四十名受試者中只有三名拒絕參與實驗到最後。這些受試者在電擊受害者的行動中雖然扮演了輔助角色，但他們的心理並未受到電擊的影響，因此他們並未產生強烈的焦慮感，自然也不會產生不服從的反應。

一名在毀滅性科層體系裡工作的幹練管理者，往往懂得把最麻木不仁與無情的人員安排在暴力第一線。絕大多數工作人員（有男有女）因為遠離暴力第一線，所以在執行輔助任務時不會產生太多焦慮感。從兩方面來看，他們會覺得自己不用負責任。第一，他們的行動有具正當性的權威背書。第二，實際從事暴力行為的並不是他們。

第十章

為何服從？——一段分析

Why Obedience?—An Analysis

到目前為止，我們已經觀察了數百名服從實驗的參與者，我們發現某些服從命令的程度令人感到不安。在令人麻木的反覆動作下，即使是好人也會屈從於權威的要求，做出冷酷無情的事。平日認真負責的人，會在引誘下陷入權威設下的陷阱，遭到權威監視與控制，並不加批判地接受實驗者對情境的界定，然後因此做出殘酷的行為。

我們必須從理論層面掌握這種現象，並更深入地探討服從的成因。服從權威是一種強有力且居於上位的人性傾向。為什麼這麼說呢？

階序的生存價值

我們在分析一開始指出，人不是孤立的，人總是在階序結構中扮演一定功能。我們在鳥類、兩棲類與哺乳類身上發現支配結構（Tinbergen, 1953; Marler, 1967），並且在人類身上發現權威結構。人類權威結構的建立不是藉由直接的體力對抗，而是象徵。有組織的團體，可以藉由階序組織獲得巨大優勢，來面對外在環境的危險，物種競爭帶來的威脅，以及團體內部可能的分崩離析。有紀律的民兵對混亂的群眾占有優勢，因為軍方單位較之毫無方向或結構的個體，擁有更強的組織協調能力。

這種看法隱含著演化偏誤；行為就像人類其他特質一樣，是經由數個世代的生存條件而形成的。無法增加生存機會的行為，有機體會逐漸地減少這種行為，因為做出這種行為的群體，最終因這種行為而走向滅絕。一個部族裡，有些成員是戰士，有些成員負責照顧小孩，還有一些成員是獵人。這樣的部族，相較於未分工的部族，明顯占有優勢。我們回顧人類建立的文明，不難了解只有獲得指揮與協調的行動才能興建金字塔、建立希臘社會，並且讓人類從努力求生的可憐蟲一躍成為以科技支配地球的主人。

社會組織的優勢不僅表現在外在目標的追求上，也表現在組織內部的穩定與成員關係的和諧上。藉由清楚界定每個成員的地位，組織內部的摩擦可以降到最低。舉例來說，當狼群獵捕到獵物，第一個享用的是狼群領袖，接著是其他支配成員，然後以此類推依序而下。每個成員承認自己在階序中的地位，可以讓狼群維持穩定。人類團體也是一樣：當所有成員都接受分配給自己的地位時，就能確保內在和諧。另一方面，挑戰階序通常會引發暴力衝突。因此，一個穩定的社會組織不僅能提升群體面對環境的能力，也能藉由規範群體關係來降低內部暴力。

服從的潛力是這類社會組織的先決條件。對任何物種來說，組織具有強大的生存價值，這種能力會透過演化過程的延伸運作而成為有機體的一部分。我不打算把這個說法當成我論證的終點，相反地，它只會是起點，因為要是我們說人類服從是因為本能如此，那麼我們等於什麼都沒說。

事實上，當我們說服從是單純的本能時，我們並不是指服從是一種本能。比較精確的說法是，我們生來具有服從的「潛力」，這種潛力與社會影響力互動之後，使我們成為服從的人。就這個意義來說，服從能力就像語言能力：有機體要具有語言潛力，必須先擁有某種高度特定的心智結構，除此之外，還必須接觸必要的社會環境才能產生會說話的人。要解釋服從的成因，我們必須檢視人與生俱來的結構以及人出生後受到的社會影響。從演化生存的觀點來看，我們最終會成為一個能在階序中運作的有機體。[1]

模控學的觀點

我相信，從稍微不同的觀點——亦即，模控學（cybernetics）的觀點——來思考這個問題，應該能得到更清楚的理解。從演化跳到模控學，乍看之下有些武斷，但是熟知當前科學發展的人都知道，從模控學觀點來詮釋演化過程在近年來已有相當豐碩的成果（Ashby, 1956; Wiener, 1950）。模控學是管制或控制的學問，它關注的問題是「一個持續演化的有機體從有能力自主生存，演變成有能力在組織裡發揮功能，這個有機體的設計會出現何種演變。」透過分析，我們發現了這種轉變所需要的最低條件。雖然這些一般原則看起來與實驗參與者的行為沒有太大關係，但我深信這些原則很可能是這些行為的基礎。服從的科學理論主要關注的是，當自主行動的個體進入社會結構之中，他會成為系統的一部分而非孤立的個體，此時這個個體會出現什麼變化？模控學理論提供的模式提醒我們，當獨立的個體進入階序功能之中，在邏輯上「必然」會出現變化。因為人類加入系統時，必然要遵循系統的一般法則。

1 我在這裡做了過度化約。自然界固然充滿階序組織，但這不表示人類一定要在階序組織中才能發揮功能。孤立的腦細胞無法脫離其他器官系統生存。但個人的相對自足卻能讓自己毋須完全仰賴廣大的社會體系。他可以透過角色設定融入這個體系，也可以與這個體系分離。這種滿足雙元功能的能力，使物種擁有最大的適應優勢。這種能力確保個人能從組織得到權力、安全與效率，也確保了個人的創新潛力與彈性回應。從物種生存的觀點來看，能在兩個世界之間遊走是最好的。

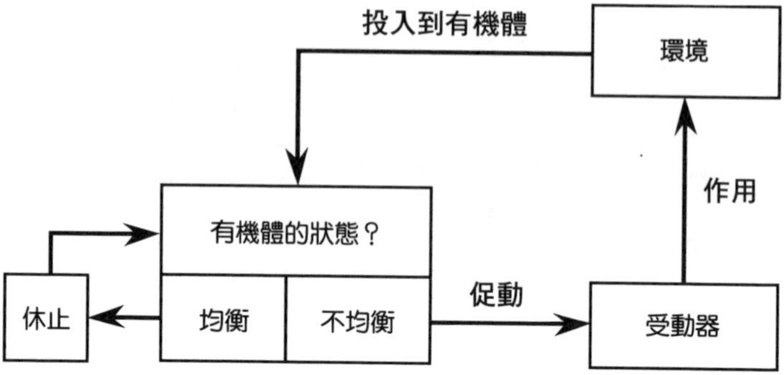

圖 15 | 簡單恆定模式

我們一開始要先描述簡化生物的設計或自動機。我們要問，如果簡化生物或自動機從自我管控進入到階序功能之中，它的設計必須進行什麼樣的調整？我們不從歷史角度來思考這個問題，而是採取純粹形式的方式。

假設有一套包含 a、b、c 等的自動機，每個自動機原先的設計都是獨立運作。每個自動機都是開放系統，需要從環境投入東西，來維持內部狀態。要獲取環境輸入（例如營養），裝置必須進行尋求與攝取，並且將環境的部分轉化成可利用的養分形式。行動藉由受動器而觸發，而受動器產生作用是因為內部狀況發出信號，顯示營養缺乏將威脅到自動機的生存狀態。營養缺乏的信號可以活化搜尋養分的程序，而養分可以讓系統恢復到能維持生命運作的狀態。坎農（Cannon）的恆定模式（一九三二年）指出生物都有這種恢復平衡的系統。

這些自動機各自生活，它們是自我管控的雜食者。為了讓這些自動機結合在一起——即使是最原始與分工最少的社會組織——我們必須額外加點東西到我們設計的模式裡。我們必須為個體毫無管制的胃口設下限制，否則自動機之間將會相互毀滅。亦即，其他的自動機將被當成環境的一部分，並且被當成營養價值而遭摧毀攝取。因此，必須為設計增添一個重要的新特徵：一個抑制機制，用來阻止自動機自相殘殺。增添了一般的抑制機制之後，自動機就可以存在於相同的地理區域內而不會有相互毀滅的危險。自動機相互依存的程度越高，抑制機制就必須分布得更廣泛與更有效果。

更廣泛地來看，當個體內部的緊張引發行動時，個體內部應該要有某種機制進行抑制，以避免同類之間彼此對抗。如果這類抑制機制未能發展，那麼物種就會滅亡，演化過程必須產生新的設計，使物種得以存續。阿胥比（Ashby, 1956）曾提醒我們：

我們今日看見的有機體，是二十億年來不斷揀選淘汰的結果。無論任何形式，只要生存能力有缺陷，就會遭到淘汰；今日，幾乎每個形式的特徵都帶有適應的痕跡，為的是確保「生存」而非其他結果。之所以會有眼睛、根部、纖毛、外殼與腳爪，是為了盡可能提升生存機會。當我們研究腦子時，我們等於是在研究生存工具。（P.196）

人類身上有任何東西符合我們分析時提到的抑制機制嗎？這種問法其實只是一種語言修辭，因為我們已經知道人性中存在某種特質可以抑制人類從毀滅中獲得滿足的本能衝動。我們把這種抑制系統稱為良知（conscience）或超我（superego），良知或超我可以限制個人的緊張系統產生的無止盡衝動。如果我們的自動機開始出現人類的某些特質與結構，原因不是人類提供了模式，而是在成員有機體的存活是透過環境投入而非自相殘殺來達成的體系中，往往會產生類似的設計問題。

在一般原則下，任何自我管控的自動機一定有抑制機制來防止自相殘殺的行動，倘若沒有這種機制，那麼自動機之間絕對無法在共同領域內和平共存。從這一點來看，人類的良知可說是這項一般原則的特殊例證。自動機內部不均衡所產生的行動，抑制機制會加以濾除或限制。以人類有機體來說——如果我們用精神分析的用語說明——本能驅力源自於本我，但本能驅力不會立即轉變為行動，它會受到超我的抑制。我們確實看到絕大多數人（也就是一般民眾）不會在日常生活中傷害、殘害或殺害其他人。

階序結構

現在，自動機個別行動，只仰賴抑制機制來防止它們自相殘殺。如果我們試著將幾個自動機組織起來，讓它們一起運作，結果會如何？要讓各構成分子結合起來，使其協調一致，最好的做法是創造一個外在源頭來協調各構成分子的行動，從外源的發散點來控制每個自動機（見圖十六）。

想建立更強大的社會機制，我們可以將那些原本居於從屬地位的自動機，提升為統領下屬的上級自動機。

圖十七顯示了階序組織典型的金字塔結構。然而，我們之前描述的自動機卻無法構成這種組織。因為每個構成分子的內在設計都必須更改，而每個層級的構成分子都必須放棄一部分自我管控的能力，好讓上級構成分子取得控制權力。**個別的構成分子獨立運**

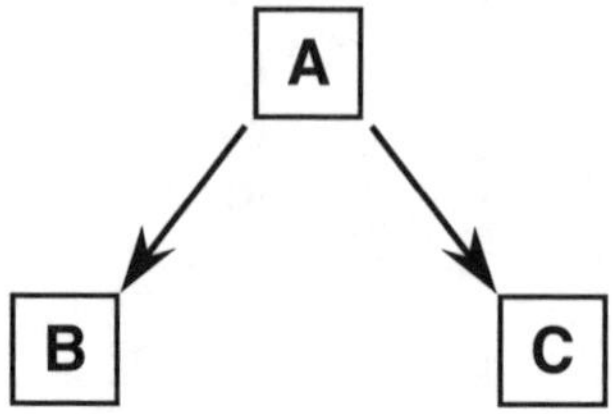

圖 16

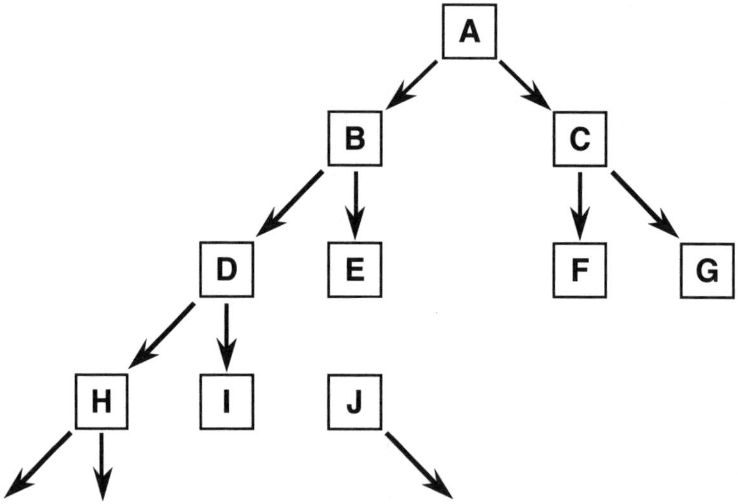

圖 17

作時，抑制機制居於核心的地位，然而一旦構成分子為了與其他構成分子協調一致共同運作而不得不割捨控制的權力時，抑制機制也就跟著淪為次要地位。

更一般地說，當獨立運作的構成分子成為階序協調系統的一部分時，構成分子的內在結構就必須做出改變。這些改變是系統的組成要件，而且這些改變不可避免降低了構成分子的自我管控能力，以維持系統的協調一致。系統的協調一致，仰賴系統內所有部分的和諧運作，不會出現彼此目標相反的現象。

從演化的觀點來看，每個**自主**的構成分子都必須受到控制，只利於個人的無止盡胃口必須予以約束。超我、良知或一些類似機制會以道德理想來約束這種只利於個人的不受控制的衝動。然而，在組織模式裡，對組織運作來說，重點卻是抑制機制不能與高層的目的嚴重衝突。因此，當個人「獨立」運作時，良知會隨之啟動。當個人以組織模式運作時，高層指令卻不受內在道德標準約束。唯有在自主模式下，個人產生的衝動才會受到強烈的限制與規範。

階序是由無數模組構成的，每個模組包括一個上級與數個下屬（例如A：B、C）。而每個下屬也可能是上級，指揮更下一層的下屬（例如B：D、E），以此類推，整個結構由一個個的模組連鎖而成。服從心理學的基礎並非來自於廣大階序裡模組的配置：國防軍將領服從希特勒時做的心理調適，就跟最底層的步兵服從直屬長官時做的心理調適一樣，逐層而上，貫穿整個系統。唯有最頂層的領袖心理，需要全然不同的原則來加以解釋。

變異性

現在，我們必須把這個論點隱含的意義說明清楚——亦即，變異性與系統變化的關係。一旦出現變異性，想有效率地融入廣大系統之中，就必須把局部控制權交給協調的組成部分。若非如此，廣大的系統就無法跟一般個體一樣有效率。

假設有一套個體，這些個體完全相同且能自主運作，舉例來說，有五輛路面電車，這些電車的機械設定是時速超過五十哩時會啟動煞車。因此，只要個別電車之間未出現變異性，那麼當它們連結成五節車廂的電車時，就能以時速五十英里的速度前進。現在，我們引進變異性，每輛路面電車的最高時速分別是十、二十、三十、四十與五十哩。如果這些電車組成更高層級的系統，那麼這列電車的整體速度就不可能高於最低速限十哩。

如果社會組織是由一群對行動看法不一的個體所組成，那麼該組織要獲得協調一致，就必須找出個體間的最小公分母。這種系統是最無效率的系統，幾乎無法帶給成員任何好處。因此，當變異性增加時，局部單位層級的控制必須減少，並且將控制權交給上級單位，這點非常重要。演化理論家長久以來一直告訴我們，變異性具有極大的生物學價值。它明顯是人類物種的特徵。因為人並非全然相似，為了從階序結構中獲得好處，人在進入階序時已準備好要降低局部控制，避免最無效率的單位影響整體系統的運作。

為了有助於理解，我們列出幾個降低局部控制來進行運作的系統：每個機師在接近機場時，會把控制權交給機場塔臺，讓個別單位進入協調的降落系統中；軍事單位把控制權交給上級權威以確保行動一致。當個體進入階序控制的狀態時，平日約束個體衝動的機制遭到減損，控制權會移交給上級單位。佛洛伊德（一九二一年）詳細說明這個機制，但並未引用他學說裡的一般系統意涵，他說：「……個人放棄自我理想，取而代之的是具體表現在領導人身上的團體理想」（P.78，*Group Psychology*）。這麼做不是基於個人需求，而是組織需求。階序結構只有在擁有一致性時才能發揮功能，而一致性只能靠著降低局部層級的控制力才能達成。

讓我總結到目前為止的論點：(1)有組織的社會生活為個人（個人也是社會生活的一部分）與團體帶來生存利益；(2)構成有組織的社會生活所必需的行為與心理特徵，是由演化力量形塑出來的；(3)從模控學的觀點來看，要讓自我管控的自動機融入協調階序之中，最一般的條件就是剝奪個體的管控能力，使其聽命於上級單位；(4)更一般地說，階序只有在構成分子出現內部變化時才能運作；(5)在社會生活中，階序要產生功能必須仰賴這些特徵，而(6)個體要進入這類階序之中，必然要先改變自身的功能。

這項分析之所以重要，原因只有一個：它提醒我們，當獨立運作的單位成為系統的一部分時必須做出改變。這種轉變與我們實驗中出現的進退兩難的局面正好吻合：一個舉止合宜且有禮的人，為什麼會在實驗裡以如此野蠻的行徑對待他人？他會這麼做是因為當他進入階序結構時，他的良知遭到壓抑，他的衝動攻擊行為也不再受到約束。

轉變成代理人心態

我們認為，任何構成分子要在階序裡順利運作，內部一定要有所改變，以自我管控的自動機來說，要融入階序必須減少局部控制，接受上級單位的管控。如果要讓自動機的設計貼近人類的運作方式，就必須讓自動機擁有足夠的彈性，使其能容許兩種運作模式：一是自我管控（或自主）模式，此時自動機獨立運作，滿足自身內部的需要；二是系統模式，此時自動機整合成廣大組織結構的一部分。自動機處於不同模式，就會有不同行為。

無論是社會組織，還是參與社會組織的個人，都必須遵守系統整合的要件。在人類經驗中，什麼表現出自主模式到系統模式的轉變，什麼屬於人類特有的結果。要回答這個問題，我們必須捨棄一般性的討論，直接檢視人加入社會階序之後的運作過程。

人的身上哪裡可以找到開關，讓人從自主模式轉變為系統模式？與自動機一樣，人的內部運作當然也會出現變化，無疑地，這些變化也使神經功能模式產生轉變。化學抑制劑與去抑制劑會改變神經路徑與次序的使用機率。然而，要在化學神經學的層次詳細描述這種現象，我們恐怕力有未逮。不過，我們倒是能對這種轉變進行現象學的描述。功能的重要轉變可以從態度的變化看出。尤其當人們加入權威系統之後，就不再追求自己的目的，而是成了他人的代理人，為實現他人期望而行動。一旦個人從這種角度看待自己的行為，他的行為與內在運作就會出現很大的變化。由於這種現象實在很明顯，因此有人認為態度的轉變使人在加入階序的前後完全處於不同的「心態」。我稱這種狀態為**代理人心態**，意思是說，當人認為自己是他人的代理人，負責為他人實現期望時，抱持的就是代理人心態。代理人心態與「自主」剛好是完全相反的兩個詞，自主指人只為實現自己的目的而行動。

代理人心態是產生服從行為的主要態度。代理人心態這個技術用語也許會令讀者覺得艱澀，但代理人心態不只是個詞彙，也是我們分析的基礎。如果這個詞真的有用，我們在實驗室觀察的結果就能透過它連結起來。如果這個詞只是個累贅，那麼就無法協助我們將觀察所得串連成一個整體。為了便於理解，讓我再次定義代理人心態的意思。這個詞可以分別從模控學與現象學兩個角度來定義。

從模控學的觀點來看，代理人心態的產生，在於自我管控的個體為了在階序控制系統中運作，而做了內部改變。

從主體的觀點來看，在某個社會情境中，當人定義自己應該完全接受上級的指揮時，這個人便處於代理人心態。在這種狀況下，個人不再認為自己應該為自己的行動負責，而是把自己當成實現他人期望的工具

人要怎麼定義自己固然是基於自由選擇，但有時引發的因子極為關鍵，而轉變的傾向又極其強烈，因此決定之後往往不是那麼簡單就能反轉。

由於代理人心態主要是一種心境，因此有人認為這種態度上的轉變不是人本身狀態的「真實」變化。然而，我將證明個人的這些轉變，與之前談過的自動機邏輯體系的重大變化如出一轍。當然，我們的身體上找不到模式轉換的開關，整個模式的轉變完全仰賴突觸式的傳導，但這不代表它不真實。

第十一章

服從的過程：將分析結果適用到實驗上

The Process of Obedience: Applying the Analysis to the Experiment

既然代理人心態是我們分析的核心（見圖十八），在這種狀況下，勢必會產生一些關鍵問題。首先，在什麼條件下，一個人會從自主心態轉變成代理人心態（先行條件）？其次，一旦轉變已經發生，這個人的行為與心理特質會出現什麼樣的變化（結果）？最後，是什麼原因使這個人一直停留在代理人心態裡（結合因素）？促使人們進入代理人心態，與使人們停留在代理人心態，這兩種條件之間存在著差異。接下來讓我們詳細地考察整個過程。

服從的先行條件

首先，我們必須思考人們在成為受試者之前曾經受到什麼因素影響，是什麼力量形塑了他們對社會世界的立場，並為他們的服從奠定了基礎。

家庭

受試者是在權威結構中成長的。從他出生開始，就一直受到父母的管教約束，他也因此養成對成人權威的尊敬。父母的訓示也是道德命令的來源。然而，當父母要孩子服從道德命令時，父母實際上做了兩件事。第一，提出特定的倫理內容要孩子遵守。第二，訓練孩子，要他們服從權威的命令。因此，當父母說：「不要欺負比你小的孩子。」他們下的不是一個命令，而是兩個。第一個命令是要接受命令的孩子不許欺負年紀比他小的孩子（通常是指無助而幼稚天真的孩子）；第二個命令比較隱晦：「服從我！」因此，道德理想的起源與服從態度的灌輸密不可分。不僅如此，服從的要求依然是各種特定命令的唯一共同要素，因此與任何特定的道德內容相比，服從的要求總是居於上風。[1]

1 兒童發展學者早已認識到，「人類最初的社會關係是了解並且順從權威的指示」（English, 1961, P.24）。孩子從出生之後必須完全仰賴父母，因此幾乎沒有選擇的餘地。權威總是以和善與幫助者的面目在嬰兒面前出現。儘管如此，孩子到了兩、三歲時，普遍開始出現難以約束的否定心態，無時無刻地挑戰權威，即使是最溫和的要求，孩子也不願

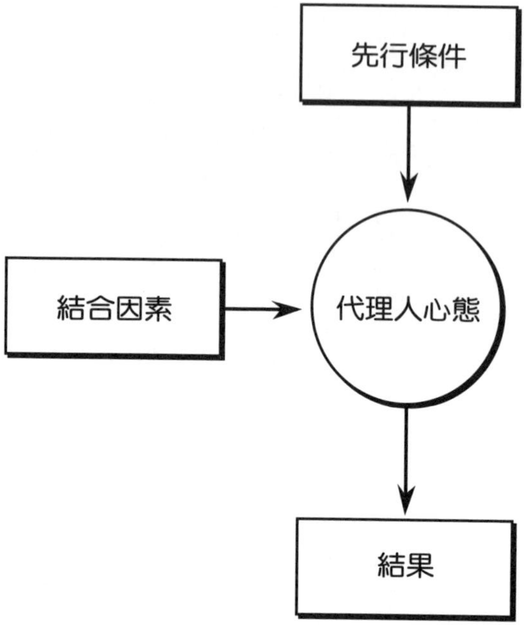

圖 18

制度環境

孩子一離開溫暖的家，馬上就被移轉到「權威」的「制度系統」裡，也就是學校。在學校裡，孩子不僅學習特定的課程，也學習如何在組織架構裡發揮功能。孩子的行動有很大的程度會受到老師的約束，但孩子同時也發現，老師也受到校長的規訓與管理。學生了解到，桀驁不馴無法獲得權威的被動接受，反而會招來權威的嚴厲責罵，服從才是唯一恰當且舒適的回應權威的方式。

年輕人在二十歲之前，主要是在權威系統裡擔任從屬的成員，離開學校之後，男性不是在民間找工作，就是到軍中服役。在工作場合裡，年輕人了解到，雖然審慎表達不同意見是可容許的，但基本上還是必須保持服從的態度，這樣才能與上司維持和諧運作的關係。無論個人在各種小事上擁有多少自由，整個大環境已經界定清楚，他只能做其他人規定的工作。

雖然權威結構必然存在於所有社會中，包括先進社會或原始社會，但現代社會額外具有一項特質，那就是必須教導個人回應「非人的」權威。阿散蒂人（Ashanti）服從權威的程度或許不下於美國工廠裡的工人，對阿散蒂人來說，權威是由他認識的一群人構成的，但對現代工業世界裡的個人來說，服從的卻是非人的權威，他們回應的對象是抽

遵從。斯塔克德爾（Stogdill, 1936）指出，在所有社會適應的行為問題中，父母把不服從列為最嚴重的問題。通常在這個時期，孩子與父母的衝突特別激烈，但孩子在趨於成熟的過程中，一般而言會因為父母的堅持與影響，而在性格上逐漸傾向於服從。孩子就算持續地不服從，無論他們是反對權威還是提出自我主張，都與成人的不服從大不相同。因為孩子的不服從缺乏個人責任感的概念。孩子的不服從不同於我們推崇的成人不服從，孩子的不服從是一種不分青紅皂白，為了反抗而反抗的表現形式，在它的背後並無任何道德關切。

象的階層，可以辨識的頂多是佩章、制服或頭銜。

獎賞

這種權威經驗總是要持續面對獎賞結構：凡是服從權威的人都能獲得獎賞，反之則受到懲罰。雖然有許多獎賞形式可以用來酬庸忠實服從的人，但其中最巧妙的莫過於此：讓個人在階序中拾級而上，這麼做不僅可以激勵個人，同時也可以鞏固整個結構。這種獎賞形式——或者說「晉升」——不僅對個人表達了深刻的情感答謝，它的特點更在於能確保階序形式的永續發展。

這種經驗的最終結果是「社會秩序的內化」——亦即，把規範社會生活的原理原則予以內化。而其中最重要的原則就是：主事者說什麼，你就做什麼。我們把文法內化，因此能了解與創作新的句子，同樣地，我們也能將社會生活的原理原則內化，在面對新情境時也能符合社會的要求。

因此，先行條件包括了個人的家庭經驗，建立在非人權威系統上的一般社會環境，以及延伸的獎賞結構經驗，即服從權威可以獲得獎賞，反之則受罰。如果我們的受試者的行為習慣確實是受到環境形塑而成，那麼這些環境條件恐怕不是實驗所能控制的，而且也無法直接使受試者轉變成代理人心態。接下來讓我們討論特定情境裡更直接的因素，正是這些因素導致受試者產生代理人心態。

直接的先行條件

權威的察覺。轉變成代理人心態的第一個條件是察覺到具正當性的權威。從心理學的觀點來看，當人們察覺某人在特定環境裡擔任社會控制的角色時，那麼這個人就是眾人眼中的權威。權威具有脈絡性，一旦離開特定的情境，權威不一定仍是權威。舉例來說，如果實驗者在街上遇到受試者，那麼他對受試者不具有任何特殊的影響力。就像機師對乘客的權威僅限於飛機上。權威獲得的是規範性的支持：大家都有共同的預期，認為在某種情境下總會有進行社會控制的人存在。權威不需要透過高身分地位來取得「威望」。舉例來說，劇院裡的帶位員是社會控制的源頭，我們每個人都心甘情願聽從他的指示。權威的權力不是源自於個人特質，而是源自於眾人眼中他在社會結構裡的位置。

權威如何彰顯自己的地位，這個問題乍看之下不需要費神解釋。我們似乎總能「知道」誰是主事者。儘管如此，我們還是會在實驗室裡檢視這個行為，並且嘗試分析這段過程。

首先，受試者進入實驗室時，心裡已預期「某人」將負責這項實驗。因此，當實驗者首次出現時，受試者的疑惑隨即獲得解決。實驗者毋須主張自己的權威，只需表明自己就是權威。實驗者透過簡短的開場白顯示自己的權威地位，這種自我界定的做法完全符合受試者的期待，他原本就預期會遇到實驗負責人，因此對於眼前看到的一切不疑有他。另一個支持的因素是實驗者表現出自信與「權威的神情」。就像僕人表現出畢恭畢敬的樣子，主人也擺出發號施令的神色，這種狀態微妙傳達了實驗者在這個情境的確處於支配地位。

其次，外在服裝通常也能在特定情境顯示權威地位。我們的實驗者穿著灰色技師外套，顯示他與實驗室有關。根據一般經驗，警察、軍人與其他勤務人員的制服是最顯眼的權威象徵。第三，受試者注意到競爭的權威並未出現。（沒有其他人主張自己是負責人，這讓受試者確認自己內心的假定，即眼前這位實驗者就是負責人。）第四，這裡並未出現明顯異常的因素（例如，五歲的孩子自稱是科學家）。

綜上所述，受試者回應的其實是權威的表象，而非真實的權威。除非出現矛盾的資訊或異常的事實，否則權威只要自稱是權威幾乎就已足夠。[2]

● ● ●

進入權威系統。轉變成代理人心態的第二個條件是把人定義為權威系統的一部分。光是察覺到權威是不夠的，這個權威必須與我們有關聯性。因此，如果我們觀看閱兵，聽見一名上校喊道，「向左轉，」我們不會向左轉，因為我們毋須聽他的口令。我們總會出現從站在權威系統以外，到進入權威系統之內的轉折時刻。權威系統經常受到外在

2 權威如何傳達自身的正當性，這個技術問題值得我們認真思索。舉例來說，有個年輕人收到一封自稱是兵役委員會寄來的信，有什麼證據可以證明這不是騙局？更進一步來說，當這個年輕人進入兵役委員會所說的營區時，眼前這些穿卡其制服的人真的有權利管理他的生活？或許這一切全是一群失業演員策畫的大騙局。真正的權威知道要虛構權威的表象有多麼容易，因此對於假權威戒慎恐懼，並設下嚴刑峻法來對付這些假權威。

環境的限制，我們通常在跨過外在門檻進入權威的領域之後，就會受到權威的影響。事實上，在實驗室裡進行的這場實驗，與要求服從的程度有很大的關係。受試者會覺得實驗者「擁有」空間，因此自己的行為必須適切，就像到人家家裡作客一樣。如果實驗在實驗室外進行，服從程度一定會大幅下滑。[3]

更重要的是，以目前的實驗來說，受試者進入實驗者的權威領域完全是出於自願，他們是憑著自由意志做出參與的決定。自願進入產生的心理結果，在於它創造一種承諾與義務感，這點對於日後要求受試者服從上面產生了一定效果。

如果我們的受試者是在強迫下參與這場實驗，那麼儘管他們屈服於權威，他們的心理機制將與我們先前從實驗看到的全然不同。一般而言，社會總是盡可能讓民眾自願進入各種體制。以軍事徵召來說，被徵召的新兵需要宣誓效忠，而自願入伍的士兵往往比徵召的士兵更受倚重。當人因為強制而不得不服從社會控制時（例如槍口對著他們），服從的性質將局限在直接監督上面。一旦槍手離開，或者槍手喪失制裁的能力，服從也就蕩然無存。自願服從具正當性的權威，則制裁不服從的主要力量是來自自願者本身。制裁的力量不是來自於外在的強制，而是來自於自願者本身對角色的承諾。從這個意義來說，**自願者的服從具有內化的基礎，而不是仰賴外在來源**。

命令與權威功能保持協調。在特定脈絡下，權威是既存的社會控制來源。脈絡決定了與權威相符的命令範圍。一般而言，控制者的功能與其發布的命令性質之間必須存在某種可理解的連結。這個連結不需要非常嚴密，只需要以最一般的方式讓人理解。因此，在軍事狀況下，一名上尉可以命令他的下屬執行高度危險行動，卻不能命令下屬擁抱他的女友。在某個狀況下，命令與軍事的一般功能有著邏輯連結，但換到其他的狀況，卻可能沒有邏輯關係。[4]

在服從實驗裡，受試者在學習實驗的脈絡下行動，他認為實驗者的命令與實驗者的

---

3 想像一下，實驗者在私人住宅區挨家挨戶查訪，獲得同意後，在這些住戶的客廳進行實驗。實驗者的權威將因為少了實驗室的支持而減弱。

4 關於「無差異區」（zone of indifference）的概念，見Herbert A. Simon, *Administrative Behavior: A Study of Decision-Making Processes in Administrative Organizations*. New York: The Free Press, 1965。

角色之間是協調的，而且具有意義。在實驗室的環境下，一般來說，實驗者下什麼指令都會被認為是適當的，之後受試者對於某些特定發展有不同的意見則會被歸為例外。

實驗者不僅發號施令，也了解整個實驗環境，他的權力因此獲得提升。一般來說，人們總認為權威要比接受命令的人更有知識；無論是否真是如此，整個情境就是以他們較有知識做為前提基礎。即使下屬擁有的技術知識比上司多，他也不能凌駕上司的指揮權限，他只能把自己知道的東西向上司呈報，然後聽候指示。權威系統典型的壓力來源在於權威者能力不足，因而對下屬造成危害。[5]

● ● ●

廣受認同的意識形態。在既有的社會環境中察覺到社會控制的正當性來源，這是轉變成代理人心態的必要前提條件。社會環境本身的正當性則取決於社會環境是否表達出可以說服人的意識形態。當受試者走進實驗室，並且被要求進行實驗，他們不會困惑地叫道：「我從沒聽過科學。科學是什麼意思？」在實驗室裡，科學的觀念以及科學被認為是具正當性的社會事業，為實驗提供了廣受認同的意識形態理由。其他如商業、教會、政府與教育機構也提供了具正當性的行動領域，這些領域都有社會價值與需求為其背書。此外，從一般人的觀點來看，由於他們出生與成長在這些領域已然存在的世界裡，因此人們把這些領域視為理所當然。離開了這些領域，服從雖然還是可以獲得確保，但此時的服從並非出於心甘情願，也就是說，人們服從不是因為堅信自己在做正確的事。另一方面，如果實驗是在完全不同的文化中進行——如特羅布里恩人（Trobrianders）——那麼為了獲得類似的心理影響，我們必須在這個文化中找出與科學扮演功能類似的事物。特羅布里恩人也許不相信科學家，但他們尊敬醫生。十六世紀宗教裁判所的法官很可能厭惡科學，但他們支持教會的意識形態，會奉教會之名，以保存教會為由，對受害者嚴刑拷打，而一點也不覺得良心不安。

5 赫爾曼・沃克（Herman Wouk）的《凱恩號譁變》（The Caine Mutiny, 1952）詳細說明了這種狀況。權威愚蠢不是什麼大不了的事。許多擔任權威的人即使能力不足，也能讓整個組織運作良好。唯有當權威利用自己的地位，命令能力較高的下屬從事錯誤的行動時，權威能力不足才會構成問題。愚蠢的權威有時可以非常有成效，甚至受到下屬愛戴，只要他們能將責任分配給有能力的下屬。《凱恩號譁變》另外提出了兩點。首先，即使權威能力不足，反抗權威依然相當困難。凱恩艦因為艦長奎格（Queeg）無能，而面臨沉船的危險，儘管如此，威利（Willie）與基斯（Keith）還是經過一番天人交戰才動手接管船隻。其次，雖然允許譁變的絕對條件已經滿足，但人們普遍還是依循權威的原則，對於譁變的道德基礎仍有所質疑。

意識形態理由是取得「自願」服從的關鍵，意識形態使人相信自己的行為是在實現一個可取的目的。唯有從這個觀點出發，才能輕易達到服從。

權威系統至少由兩人構成，兩人都相信其中一人有權命令另一人採取行動。在我們的研究中，實驗者是系統的關鍵元素，而系統包含的不只實驗者。系統涵蓋了實驗環境、令人印象深刻的實驗設備、灌輸受試者使其產生義務感的方式，使人相信實驗是充滿奧祕的科學的一部分，以及廣泛制度上允許實驗繼續進行的協議——也就是說，之所以可獲得社會廣泛支持，是因為民眾相信文明社會應該進行與容忍這類實驗。

實驗者能影響受試者的行為，靠的不是武力或威脅，而是他在社會結構裡占有的地位。社會普遍同意，實驗者不僅「可以」影響受試者的行為，而且「應該」這麼做。因此，某種程度來說，實驗者的權力其實是來自受試者的同意。然而，一旦起初已經同意，同意的撤回就沒那麼單純，往往要付出很大的代價。

代理人心態

代理人心態的性質是什麼，它對受試者有何影響？

人一旦進入代理人心態之後，彷彿變了一個人，新人格特質與過去的人格特質完全沒有關聯。

首先，受試者從事的所有行為都受到他與實驗者之間關係的影響；受試者普遍希望在實驗者這個核心人物面前有好的表現，想藉此留下好的印象。受試者仔細留意實驗環境的特徵，因為實驗環境這是達成良好表現的必要條件。受試者聆聽指示，注意執行電擊時的技術條件，理解自己要從事的是範圍相當狹小的技術任務。懲罰學習者於是只成了整體經驗中一個不值一提的部分，一個在實驗室複雜活動中的小小點綴。

與權威協調一致

不熟悉實驗的人可能認為，受試者的困境源自於他遭受學習者與實驗者兩方彼此衝突的力量襲擊。然而，真實的狀況卻是受試者會調整自身的立場，盡可能與權威的命令一致，至於學習者釋放的訊息則遭到消音，在心理上產生的影響甚微。懷疑這種說法的人可以去觀察階序結構裡的個人行為。舉例來說，公司的董事長與員工開會時，員工對於董事長講的每一個字總是畢恭畢敬地聆聽。身分卑微的員工先提出的想法經常遭到忽視，但同樣的想法被董事長重複再講一遍時卻馬上獲得熱烈回應。

這當中並不存在特殊的惡意，完全是面對權威時的自然反應。如果我們再探討深入一點，不難發現箇中原因：身為權威，由於地位使然，手中掌控著生殺大權。上司可以炒你魷魚，也可以升你的官；軍事長官可以派你到危險的前線，也可以分配你閒差；部落的族長可以同意你的婚事，也可以處死你；因此，時時留意權威的說法，絕對是適切的選擇。

正因如此，一般人總是認為權威居於個人之上。個人經常把權威視為非人的力量，權威的命令並非出自人的意願或欲望。對某些人來說，權威甚至具有超越人性的性格。

這種獨厚權威的現象也在我們的實驗中大量出現。學習者面臨著明顯對他不利的狀況：受試者根本沒把他當一回事，因為受試者的感受與認知完全受到在場的實驗者所宰制。對許多受試者來說，學習者不過是惱人的絆腳石，使受試者無法與實驗者達成令人滿意的關係。學習者停止電擊的請求要獲得重視，唯一的可能是他們的抗議必須造成受試者的不便，使受試者無法獲得實驗核心情感人物的肯定。

重新定義實驗情境的意義

只要能控制人們詮釋世界的方式，就能順利控制他們的行為。這就是為什麼意識形態——詮釋人類情境的一種嘗試——一直是革命、戰爭以及其他可能促使人類產生不尋常行動的狀況的顯著特徵。政府大量投資在宣傳上面，為的就是讓民眾接受政府詮釋事件的方式。

每一種處情都存在著一種意識形態，我們稱之為「情境的定義」，這是針對社會情境的意義所做的詮釋。情境的定義可以提供一種視角，透過這個視角，我們可以將情境裡的各項元素連結成前後一貫的東西。一個行為從某個視角觀看也許可憎，但從另一個視角觀看卻理由充分。**人們傾向於接受由具正當性的權威提供的行動定義**。也就是說，雖然採取行動的是受試者，但受試者允許權威定義自己的行為意義。

對權威意識形態照單全收，是產生服從的主要認知基礎。如果世界或某情境是由權威定義的，那麼在這樣的定義下自然會產生一套行為模式。

因此，權威與受試者的關係絕非具有強制力的上司強迫沒有意願的下屬從事行為。由於受試者接受權威對情境的定義，所以他們的行動完全是心甘情願。

責任感的喪失

轉變成代理人心態最大的影響是，人只對指揮他的權威負責，而不對權威下令的行為內容負責。道德感並未消失，只是換了一個焦點：下屬感到羞恥或自豪，完全取決於自己是否適當執行權威交代的行為。

有許多詞彙用來形容這種類型的道德，如忠誠、盡責、紀律等，這些詞彙都帶有強烈的道德意涵，用來說明一個人向權威履行義務的程度。這些詞彙不是指涉一個人的「良善」，而是指涉一個下屬是否適當扮演社會定義的角色。個人在權威命令下犯下惡行，最常見的辯詞就是他只是盡忠職守。這種辯護方式顯示個人在面對質疑時不是設法為自己開脫，而是誠實回報自己服從權威的心理狀態。

當一個人為自己的行為負責時，肯定認為這些行為出於「自己」的決定。在我們的研究中，受試者對行為的態度剛好相反——亦即，他們認為這些行為是出於他人的決定。實驗的受試者經常說道：「如果是我做決定，我不會電擊受試者。」

超我的功能從評估行為的善惡，轉變成評估一個人在權威系統裡表現的優劣。[6]由於阻止個人苛待他人的抑制力量無法發揮作用，個人的行為因此無法受到良知的限制。

設想有個人在日常生活中總是溫和仁慈，即使在氣頭上也不會動手打人。也許某個淘氣小孩實在該抽幾下屁股，他也會覺得這麼做令人作嘔；事實上，當他想這麼做時，手臂的肌肉不由自主地麻痺了，於是他只好放棄。然而，這個人進入軍隊之後，上級命令他對平民投下炸彈，他卻照做不誤。這個行為不是源自他本身的動機系統，因此不受他內在心理系統的抑制力所限制。在成長的過程中，凡是正常人一定都會學習如何克制

6 在《群體心理學與自我分析》（*Group Psychology and Analysis of the Ego*, 1921）中，佛洛伊德指出，人壓抑自己的超我功能，讓領導者全權決定善惡。

自身的攻擊衝動。儘管如此，這段養成過程卻還是無法（幾乎可說是完全失敗）從內在控制那些源自權威的行動。因此，服從權威的行動顯然對人類的存續構成極大的危險。[7]

自我形象

人不僅希望獲得他人的良好評價，也希望獲得自己的良好評價。人的自我理想是內在抑制系統的重要來源。雖然在刺激下想採取惡劣的行動，但人會評估這麼做對自我形象的影響，從而克制自己。人一旦進入代理人心態，這套評估機制會完全失靈。在代理人心態下，行動不是源於本身的動機，也未反映出自我形象，因此對自我概念毫無影響。事實上，個人通常可以分清自己的期望與他人對自己的要求之間的對立。個人認為自己的行動——即使是自己做的——有違自己的本性。因此，從受試者的觀點來看，在命令下採取的行動無論多麼欠缺人性，受試者都是無罪的。權威是受試者尋求肯定的來源。

命令與代理人心態

代理人心態構成一種潛在力量，使個人產生特定的服從行為。然而，光是產生潛在力量還不夠，還需要特定的命令做為激發機制。我們之前提過，一般而言，命令必須與權威的角色一致。命令包括兩個主要部分：行動的內容與要求行動的命令本身。（舉例來說，「要求」與「命令」之所以不同，在於前者雖然包含行動的內容，卻少了要求行動的堅持。）

因此，命令導致了特定的服從行為。代理人心態是否只是服從的換句話說？並不是，代理人心態是一種心智組織的狀態，它可以提高服從的可能。服從是代理人心態的行為面向。處於代理人心態的人——亦即，完全接受權威命令的人——可能未接獲任何

7 庫斯勒（Koestler）在他傑出的社會階序分析中指出：「我不只一次強調，回顧歷史，人的自私本能遠不如人的一體化傾向來得危險。用最簡單的話講：個人如果完全依循自己的想法，任意攻擊他人，那麼他會招致社會的懲罰——他逾越了法律，他違反了整個階序的共識。相反地，真正的信仰者則是與階序緊密結合；他融入到教會、政黨或任何社會組織之中，完全放棄了自我。」Authur Koestler, *The Ghost in the Machine* (New York: The Macmillan Company, 1967), Part III, "Disorder," P.246.

指令，因此也就沒有服從的問題。

結合因素

如果有人進入到代理人心態之中，他為什麼會繼續停留在這種心態裡？當各種元素結合成階序時，總是需要各種力量將元素連結在一起，以維持階序關係的存在。一旦少了這些力量，哪怕只是一點風吹草動，就可能讓結構土崩瓦解。因此，一旦有人進入到社會階序中，一定有某種結合機制賦予結構最低限度的穩定性。

有人如此詮釋實驗情境：實驗中的受試者，基於高度的理性，會權衡情境中各種衝突價值，內心盤算著處理各項因素，最後基於盤算的結果採取行動。因此，受試者的困境簡化為理性決策的問題。這種分析忽視實驗呈現的一個重要行為面向：雖然許多受試者內心認為自己不該繼續電擊學習者，但他們最後還是無法將信念化為行動。觀察實驗室裡的受試者，不難看出他們對於是否反抗權威內心充滿掙扎，彷彿有個模糊而強大的紐帶關係將他們綁在電擊產生器前。一名受試者對實驗者說：「他已經承受不住了。我不想殺死他。你聽見他大聲喊叫。他現在還在喊叫。他已經受不了了。」雖然受試者的口氣顯示他想中止實驗，但實際上他仍遵照實驗者指示繼續電擊。許多受試者似乎猶豫著想做出不服從的決定，但宛如受到某種東西拘束似的，最後還是服從。接下來，讓我們檢視是什麼力量將受試者與他的角色緊緊捆綁起來。

追溯這些力量的最好方式是提出以下的問題：如果受試者想中止實驗，他必須經歷什麼樣的過程？當受試者坐在電擊產生器前面，他必須克服什麼樣的心理障礙才能做出不服從的決定？

行動的連續性質

實驗不斷延續，每個行動影響接下來的行動。服從的行為持續不斷；在最初的指令之後，實驗者並未命令受試者做出新的行動，而只是要求受試者重複做出相同的行動。行動的重複性迫使受試者產生結合的力量。當受試者不斷進行痛苦的電擊時，他必須合理化自己的行為；其中一種做法是持續電擊到實驗結束為止。要是他中途中止實驗，他將不得不對自己解釋：「到目前為止我做的事全是錯的，我因為認知到這一點所以才中止實驗。」反過來說，如果他繼續下去，那麼先前的行為就確保無誤。先前的行動令人感到不安，但隨後的行動則化解了不安。[8]受試者於是透過這種逐一而零碎的方式做出毀滅性的行為。

情境的義務

一切社交場合都存在著不成文的規矩，這種規矩在無形中約束了個人的行為。受試者如果想中止實驗，必須要打破社交場合中隱藏的默契。受試者之前承諾要幫助實驗者，現在卻必須食言而肥。在外人看來，拒絕電擊是出於道德考量，但受試者卻覺得自己背棄了對實驗者的義務，而要做出這種行為並不是那麼容易。這裡存在著另一個面向的解釋。

高夫曼（Goffman, 1959）指出，每個社會情境都建立在參與者的共識之上。其中一項重要前提是，一旦受試者提出並同意情境的定義，那麼此後就不應該提出任何質疑。事實上，參與者要是否定已經獲得大家承認的定義，就是逾越道德。無論如何，公然挑戰情境的定義絕非符合禮節的社會互動方式。

說得更清楚一點，根據高夫曼（Goffman）的分析，「社會的組織原則在於，凡是擁有一定社會特質的人，在道德上有權利期望他人以相應而適當的方式尊重與對待自己……當個人提出情境的定義，並且默示或明示自己是某種類型的人時，他自然在道德上有權利要求他人必須尊重自己，並且以他這種人期望的方式來對待他」（P.185）。拒絕服從實驗者等於否定實驗者在這個情境中的能力與權威，這必然違反了社會禮儀。

實驗情境依照這種方式建構，因此受試者停止電擊學習者不可能不違反實驗者的自我定義。老師不可能在中止實驗的同時，又能維持權威對自身能力的定義。因此受試者擔心，如果中止實驗，自己會顯得高傲、倔強與粗魯。這種感受雖然與加諸在學習者身上的暴力相比是小事一樁，卻足以約束受試者繼續服從。受試者的心智與情感充斥著不

---

8 這個詮釋合乎認知失調理論。見L. Festinger, 1957。

安，他對於必須當面拒絕權威感到惶恐。反抗權威，然後導致清楚界定的社會情境崩潰瓦解，許多人無法面對這種困窘與難堪。[9]為了避免這種窘境，許多受試者認為服從反而是痛苦較小的選擇。

在日常的社交行為中，人們總會做一些預防措施來避免這類破壞場合的事情發生，但受試者發現，自己身處的狀況無論如何審慎周到，都很難不讓實驗者的聲譽受到貶損。唯有服從能保住實驗者的地位與尊嚴。有趣的是，受試者的同情心——亦即，不願「傷害」實驗的感情——正是抑制不服從的結合因素。拒絕服從不僅對受試者來說是痛苦的，對於受試者反抗的權威來說也造成傷害。讀者如果認為這不過是枝微末節，那麼應該親自嘗試以下的實驗，相信可以幫助各位感受受試者內心的抑制力量。

首先，找出一個你真正尊敬的人，最好至少比你高一個輩分，足以在你的重要人生領域擔任權威角色。那人可以是受尊敬的教授，受敬愛的教士，或者在某種條件下是你的父母。你在提到這個人時，必須加上頭銜，例如帕森斯教授、保羅神父，或查爾斯・布朗醫生。他必須跟你有一定距離，而且帶有真實權威的神聖性。為了了解違反與權威之間應有的禮節是怎麼一回事，你只需要在見這個人時，故意不稱呼他的頭銜，省去醫生、教授或神父，直呼他的名諱，甚至叫他的綽號。舉例來說，你可以對布朗醫生說：「早，查理！」

當你走近他時，你會感到焦慮與強大的抑制力量，足以讓你無法順利完成這個實驗。你也許會說：「我為什麼非得做這個愚蠢的實驗？我跟布朗醫生關係一直很好，我這麼做很可能危害我跟他的關係。為什麼我非得在他面前擺出跩個二五八萬的樣子？」

更有可能的是，你不會真的做出這種不尊重的行為，但即使光用想的，你都能更理解實驗受試者的感受。

社交場合是構成社會的要素之一，它藉由一些場所禮儀而存在，每個人都必須遵守這些禮儀，尊重其他人呈現的場合內容，避免人與人交流時的衝突、尷尬與不歡而散。禮儀最基本的面向其實與人際之間交流的內容無關，而是與人際之間呈現的結構關係如

9 見Erving Goffman, "Embarrassment and Social Organization," *The American Journal of Sociology*, Vol. 62 (November 1956), pp.264-71。也可見Andre Modigliani, "Embarrassment and Embarrassability," *Sociometry*, Vol. 31, No. 3 (September 1968), pp. 313-26; and "Embarrassment, Facework, and Eye Contact: Testing a Theory of Embarrassment," *Journal of Personality and Social Psychology*, Vol. 17, No. 1 (1971), pp.15-24。

何維持有關。這些結構關係可能指平等關係，也可能指階序關係。當場合被定義成階序關係時，任何企圖改變既存階序結構的嘗試，都會被視為逾越道德，並且引發焦慮、羞恥、困窘與自我價值的減損。[10,11]

焦慮

受試者感受到的恐懼，其實主要是一種預期心態，對未知的一種模糊憂慮。這種充斥內心的憂慮感，我們稱為**焦慮**（anxiety）。

焦慮的根源是什麼？它源自個人漫長的社會化歷史。人從生物學意義的生物轉變成文明化的人類，在這段過程中，人不斷將社會生活的基本規則內化成自己的一部分。其中最基本的規則就是服從權威。藉由把違反權威與混亂、威脅自我的感受連結起來，服從權威的原則順利內化成我們的一部分。實驗室裡觀察到的情感表現——顫抖，焦慮的笑聲，極度的困窘——是這些原則遭受攻擊的明證。當受試者打算反抗這些原則時，他們會感到焦慮，想避免做出禁止的行為，受試者必須跨過這個情感障礙才能反抗權威。

值得一提的是，一旦「冰融」，也就是真的做到不服從之後，所有的壓力、焦慮與恐懼全不翼而飛。

10 如果尷尬與羞恥是使受試者堅持扮演服從角色的重要因素，那麼當構成這些情感經驗的前提條件消失時，應該會有許多受試者拒絕服從。從這點來看，實驗七就是明證，實驗者離開實驗室，改成透過電話下令。我們的受試者之所以願意服從，絕大多數是基於社交場合中見面三分情的原理。有些服從類型——例如，士兵被派到敵後獨自進行任務——必須強調直接面對權威，以及讓下屬與權威的價值協同一致。

加芬克爾（Garfinkel）的研究以及我們做的實驗，兩者都顯示，想促使不服從發生，必須先將我們設想的社會生活結構打破。加芬克爾（一九六四年）的研究要求人們違反平日生活的常規，而這些人在試圖不服從的過程中，也同樣遭遇了尷尬、困窘與各種困難。

11 由於無法捕捉到人們如何轉變成代理人心態，也無法適當理解人為什麼繼續停留在代理人心態之中，因此我們幾乎無從預測行為。一些研究實驗情境的人預測，一般人之所以中斷實驗，是因為道德良知驅使他們這麼做。但他們完全沒考慮到，人在進入權威系統之後，整個心智生命會遭受根本性的重組。

這些人不知道實驗結果，因此要更正他們的錯誤預測，最快的方法是告訴他們：「行動的內容沒有你想的那麼重要；相反地，行為者之間的關係比你想的要重要得多。你們不能根據參與者說什麼或做什麼來進行預測，重點是在社會結構裡，參與者之間具有什麼關係。」

還有另一個原因使人們無法正確預測行為。社會普遍流行著一種意識形態，相信個人的行動源自於他的性格。這種意識形態具有實用效果，它使人們以為光靠自己就能完全控制自己的行為。然而，這種關於人類行為決定因素的觀點有嚴重扭曲之處，無法做出精確的預測。

第十二章

壓力與不服從

Strain and Disobedience

受試者不服從。為什麼？起初我們認為受試者不服從是因為電擊受害者不道德。然而，從道德判斷的角度來看，這樣的解釋並不適當。電擊一名無助的受害者，在道德上的評價應該是固定的，不會因為受害者距離受試者的遠近而出現變動。然而我們發現，空間關係只要出現一點變化，就會明顯改變受試者不服從的比例。說得更清楚一點，真正促使受試者不服從的是更一般的「壓力」（strain）形式，因此無論從人性的角度，還是從指導分析的理論模式觀點，我們都必須先了解壓力的意義是什麼。

從理論層面來說，獨立運作的個體一旦被帶進階序之中，很容易產生壓力，因為獨立運作個體的設計條件，與專門為了系統運作而設計的獨特組件完全不同。人可以獨立運作，也可以透過擔負某種角色而融入更大的系統之中。但這種雙重能力需要在設計上做出妥協。人無法做到完全獨立自主，也無法做到完全聽命於人。

當然，凡是能兼具獨立運作以及在階序系統中運作的複雜個體，一定具有某種消除壓力的機制，因為要是沒有這種機制，系統一定很快就會崩潰。所以我們應該在我們的模式裡增加一個最終概念，以消除壓力。此外，我們也應該用一個簡單的式子來表示我們觀察到的行為過程：

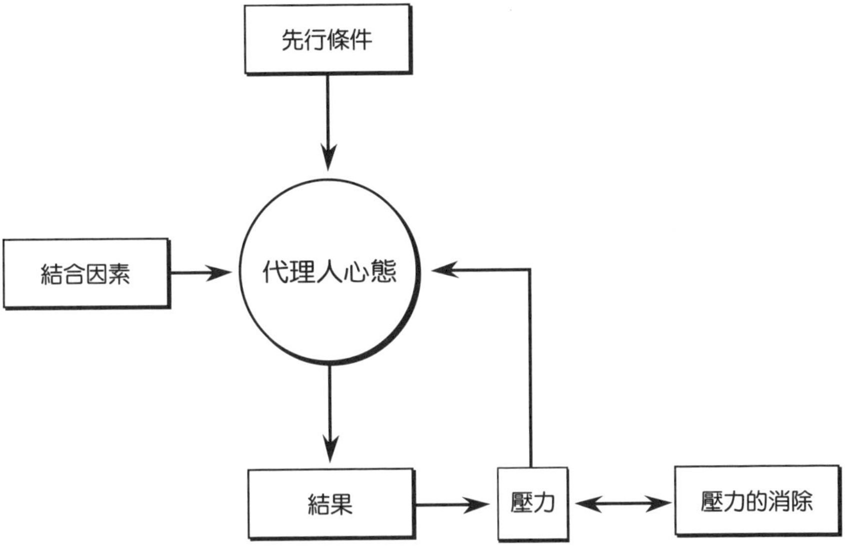

圖 19

$O; B > (s - r)$

$D; B < (s - r)$

O是服從；D是不服從；B是結合因素；s是壓力；r是消除壓力的機制。當結合因素大於淨壓力時，會得出服從這個結果；相反地，當淨壓力大於結合因素時，則會得出不服從這個結果。

壓力

受試者的緊張經驗顯示的不是權威的力量，而是權威的弱點。它進一步揭露了服從實驗的一個極度重要的面向：對某些受試者來說，他們無法完全轉變為代理人心態。

如果個人完全融入權威系統之中，那麼當他遵守命令時，無論命令有多麼艱難，他都不會緊張。因為受試者完全從權威賦予的意義來看待權威要求的行動，所以受試者對於命令毫不懷疑。一旦產生緊張的感受，就表示權威無法讓個人完全進入純粹的代理人心態。實驗室的權威系統當然無法像史達林與希特勒的強大極權體制無孔不入，在後者的權威系統裡，下屬已完全深陷在自己的角色之中，無法自拔。在實驗室裡，自我仍程度不一地殘存在權威的管轄範圍之外，受試者仍保留一定的個人價值，壓力也隨之產生，如果壓力太大，就有可能演變成不服從。從這點來看，實驗室造成的代理人心態很容易陷入不安，就像一個睡著的人很容易被嘈雜的噪音吵醒。（睡眠時，人的聽覺與視覺大幅減退，然而只要刺激夠強，還是可以把人吵醒。同樣地，處於代理人心態時，個人的道德判斷會遭到擱置，而夠強的電擊可以讓道德感再次復甦。）實驗室產生的狀態就像打盹，反觀國家政府的強大權威系統則會讓人沉睡不醒。

壓力的來源

實驗時產生的壓力，一方面來自原始天性，對於傷害他人打從心裡感到厭惡，另一方面來自精打細算，謹慎思考傷害別人可能要負多少法律責任。

一、學習者因疼痛而發出的慘叫聲，對許多參與者造成深刻的影響。參與者的反應是直接的、發自內心的與不由自主的。這些反應顯示出人性固有的機制，就跟聽見粉筆劃玻璃的聲音讓人感到嫌惡一樣。參與者一方面服從，另一方面又必須暴露在這些刺激之下時，壓力隨之而生。

二、此外，電擊無辜者違反了受試者的道德與社會價值。這些價值對有些人來說是深度內化的信念，對另一些人來說則反映了對社會宣揚的人性行為標準的認識

三、壓力的另一個來源是受試者懲罰學習者時，會感受到潛在的報復威脅。有些人覺得自己激怒了學習者，實驗結束後，對方一定會報復他；其他人則希望自己能成為學習者，雖然這也是實驗的一環，但實際程序卻不可能讓他們成為學習者。其他受試者擔

心自己的行為一定程度上可能觸犯法律，未來也許會被學習者告上法院。任何形式的報復——也許是真的，也許是受試者的幻想——都會造成壓力。

四、受試者同時接到學習者與實驗者的指令；學習者要求受試者停止電擊。學習者的命令與實驗者完全相反；即使受試者完全聽從，只依照學習者的壓力做出回應，而且內心不帶有任何個人價值，但壓力還是產生了，因為兩個彼此矛盾的要求同時落在他的頭上。

五、對受害者施加電擊與許多受試者的自我形象不符。他們還沒做好冷酷無情的準備，因此無法任意傷人而面不改色。儘管如此，他們實際上做的就是這檔事，這種內心與外在的不一致，構成強大的壓力來源。

壓力與緩衝

能把受試者的行動與行動造成的結果之間的心理距離拉遠，就可以有效減少壓力。只要能消除或稀釋體驗到的行動意義——我知道自己正在傷害一個人——就可以讓行動更容易進行。因此，讓受試者與受害者隔得遠一點或降低受害者疼痛叫喊的音量，可以減少受試者的壓力。電擊產生器本身也構成重要的緩衝，這個精密而令人印象深刻的設備，打斷了受試者與受害者之間的連續性，使受試者可以心平氣和地按下三十個開關按鈕而不受受害者的影響。按下按鈕這個動作是精確的、科學的與非個人的。如果我們的受試者必須用自己的拳頭毆打受害者，那麼他們恐怕不會乖乖配合。帶有惡意的權威，結合了去人性化的緩衝效果，沒有任何事物比這樣的組合對人類存續的危害更大。邏輯結果與心理效果在這裡形成強烈對比。從數字的角度來看，砲擊城鎮殺死一萬人，絕對要比投擲石塊殺死一個人來得邪惡，但後者卻比前者帶來較大的心理壓力，執行上的難度更高。距離、時間與物理障礙抵銷了道德感。當軍艦進行岸轟，或是飛機從兩萬呎高空投下凝固汽油彈時，執行者幾乎不會產生心理抑制的感受。對於坐在能毀滅世界的按鈕前面的人來說，按下這個按鈕的心裡感受就跟按下電梯按鈕一樣。當科技給予人類遠距毀滅的能力，因而擴大了人類的意志時，演化卻沒有機會建立像面對面那種強有力的抑制機制，來反制這種遠距攻擊形式。[1]

消除壓力

什麼機制可以消除壓力？

不服從是消除壓力的最終手段。然而不是每個人都能做到不服從，我們先前提到的結合因素使許多人難以做出不服從的決定。由於受試者認為不服從是一種極端的做法，是社交場合裡一種激進的行為形式，因此受試者寧可退而求其次，另外選擇對社會關係影響較小的方法來消除壓力。壓力一旦產生，就會出現一些心理機制來消除壓力。由於人類的心思極具彈性，心靈可以調整認知來化解壓力，因此這類心理機制的出現並不令人意外。

「逃避」是最原始的心理機制：受試者刻意不去知道自己的行為所造成的結果。我們先前曾經提過，受試者會不自然地別過頭去，因為他們不想看到受害者痛苦的樣子。有些受試者在念單字時故意音量放大，其實根本不需要這麼大聲，他們這麼做是為了蓋住受害者的抗議聲。受試者不希望受害者的痛苦對自己造成刺激。不去注意受害者是一種比較不引人注目的逃避形式。這種做法通常會刻意專注在實驗程序上面。如此，受害者就能從受試者的心中剔除，不再是造成不適的來源。我們因此浮現一個印象：一個不起眼的辦事員不斷翻動紙張，完全不管身旁發生的事。

如果逃避可以讓受試者免於接觸不愉快的事，那麼「否認」則是可以減少壓力，方法是透過思想機制來否定明顯的證據，從而創造能安慰自己的事件解釋。人們在評論納粹時代時指出（見Bettelheim, *The Informed Heart*），當時不管是受害者還是迫害者，都抱持著否認心態。猶太人面對死亡的迫近，仍不接受擺在眼前的是清楚而明顯的大屠殺證據。即使到了今日，仍有數百萬德國人否認德國政府曾經屠殺這麼多無辜百姓。

在實驗中，有些受試者否認電擊會造成痛苦或讓傷害受害者。這樣的否認可以舒緩服從實驗者造成的壓力，並且去除傷害某人與服從之間的衝突。然而，實驗室裡安排的這場戲實在太逼真，因此只有極少數人根據這個假說基礎做出反應（見第十四章）。

---

1 Konrad Lorenz描述工具與武器介入其中，使抑制機制的效果大打折扣：「相同的原則甚至可以更有效地適用在現代遙控武器的使用上。按下按鈕的人，完全阻絕了視覺與聽覺的影響，甚至在情感上也完全不知道自己行為的結果，這使得行為者毫無顧忌地從事這類行為——他頂多只能想像自己造成的後果。」Konrad Lorenz, *On Aggression* (New York: Harcourt Brace Jovanovich, 1966), P.234.

（在當時的狀況下，否認行為具有的防衛性格相當明顯。受試者一方面否認電擊會造成痛苦，另一方面又不願親自體驗強烈電擊，這點就是明證。）我們發現，服從的受試者絕大多數不否認電擊會造成痛苦，他們只是否認自己對此事負有責任。

有些受試者依照權威設定的規則做事，為了消除壓力，他們會以「怠忽」的方式來服從。我們可以回想一下，每次電擊持續的時間都不太一樣，而且都是由不知情的受試者來控制。一般來說，受試者打開電擊產生器需要五百毫秒（也就是半秒鐘），但其他人只需要十分之一的時間。受試者小心翼翼地碰觸開關，產生的電擊聲就像極短暫的亮點，相較之下，一般電擊聲則是持續半秒。訪談時，這些受試者強調，他們是「基於人性的立場」盡可能縮短電擊的時間。以這種方式去除壓力，要比不服從容易得多。它可以讓個人在壓迫系統的限制下盡可能表現出個人的善意。然而，這種最低程度的服從只是一種自欺。它並未挑戰權威。它也許削弱了權威意志的運作，卻未使權威的意志歸於無效，充其量只是用來安慰受試者的良知。

有一點較少人注意，但其實更為重要，即有些受試者會耍手段來減輕實驗殘酷的一面。我們發現，有些受試者在大聲念出單字選項時，會刻意強調某些字，藉此暗示受害者正確答案。也就是說，他們試圖提示學習者，避免讓他遭受電擊。這些受試者想在不與權威決裂的情況下破壞實驗。他們想幫助學習者，卻又不想公然表現出不服從。即使學習者並未聽懂暗示，受試者有時在實驗後的訪談中，提到學習者時仍會說自己如何努力「提示對方」。

有時候，這些小手段確實有效（例如在實驗七，受試者往往虛報自己執行的電擊強度）。但絕大多數毫無助益。受試者無法公然表示同情，於是要一點小手段，卻不能改變結果。然而，「聊勝於無」，即使只是做個樣子，也能保住他身為好人的自我形象。

我們說過，個人責任感的消失是屈服權威產生的重大心理結果。當壓力產生時，有些受試者會進一步確認自己不需要為行為負責，而這可以做為他們的藉口，讓自己不那麼緊張。以下是受試者與實驗者的對話。這位受試者承受極大的壓力，但他仍持續電擊到三百七十五伏特。

老師：我覺得那個人不太對勁。我沒有得到任何回應。之前強度比較弱時他還會大聲抗議，能不能麻煩你去看一下，了解他的狀況？

實驗者（一副漠不關心的冷靜模樣）：我們不需要這麼做。老師，請繼續。

老師（坐下，深深嘆了一口氣）：「Cool—day, shade, water, paint。」請回答。你還好嗎？你還好吧！

實驗者：老師，請繼續。請繼續。（老師按下按鈕。）

老師（坐在轉椅上打轉）：那個人一定出事了。（轉回來）下一個。「Low—dollar, necklace, moon, paint。」（又繼續旋轉）他一定出事了。先生，你最好去看一下。他完全不回答，也沒有反應。

實驗者：繼續。請繼續。

老師：你要負全責嗎？

實驗者：由我負責。沒錯。請繼續。（老師於是回頭看著手上的單字表，他盡快地念完這些單字，一直電擊到四百五十伏特。）

老師：就這樣。

一旦實驗者向受試者保證由他負起全責，受試者的壓力明顯消除。

此外，還有其他擺脫責任的方式：責任可以轉嫁到受害者身上，一切都是受害者自作自受。受害者不僅被指責是自願參加實驗，更糟的是，受害者之所以遭到電擊是因為他們愚蠢與頑固。這裡已經不光是責任轉嫁，而是無端貶損受害者。心理機制一目瞭然：如果受害者一文不值，那麼何必管他痛不痛苦。[2]

從心理轉換到身體

心理壓力轉換成身體症狀，這是精神病學相當常見的現象。一般來說，當病人的心理壓力被身體症狀吸收之後，他的情感狀態往往能獲得改善。在實驗中，我們可以看到許多壓力的跡象：冒汗、顫抖，還有焦慮的笑聲。這種身體表現不僅顯示壓力的存在，也消除了壓力。壓力並未導致不服從，相反地，它轉而表現在身體上，從而消除了緊張。

2 N. J. Lerner, "Observer's Evaluation of a Victim: Justice, Guilt, and Verdical Perception," *Journal of Personality and Social Psychology*, Vol. 20, No. 2 (1971), pp.127-35.

異議

壓力如果大到一定程度就會導致不服從，但在那之前，壓力會先產生異議。異議指的是受試者對於實驗者的命令表示反對。但是，口頭上的爭論不一定表示受試者會不服從實驗者，因為異議具有雙重而彼此衝突的功能。一方面，異議也許是受試者與實驗者之間發生裂痕的開始，是對實驗者意圖的測試，以及嘗試說服實驗者修改命令。但弔詭的是，異議也可充當紓解壓力的機制，它是一個閥門，讓受試者在不改變行動的狀況下一吐悶氣。

異議的產生不一定會破壞階序的紐帶關係，異議是一種經驗類型，與不服從的性質不同。許多異議者不同意權威的看法，但仍尊重權威的權利，認為權威可以否決他們的意見。他們雖然不同意，卻還沒做好不服從的準備。

異議是一種消除壓力的機制，它是受試者面臨道德衝突時的心靈安慰來源。受試者公開反對電擊受害者，樹立正面的自我形象。在此同時，他又繼續服從，以維持順從權威的關係。

這裡描述的幾種機制——逃避、否認、從心理轉換到身體、最低限度的服從、小手段、尋求社會保證、指責受害者，以及非工具性的異議——每一種都連結著特定的壓力來源。因此，逃避可以消除內心的反應；小手段、最低限度的服從與異議可以保護自我形象；諸如此類。**更重要的是，這些機制必須有利於最重要的目的：藉由將衝突降低到可容忍的程度，使受試者與權威的關係維持原狀。**

不服從

不服從是最終手段，壓力可以因此完全終止。但不服從不是那麼容易就能做到。

不服從不只是拒絕執行實驗者的命令，它也改變了受試者與權威的關係。

不服從會產生憂慮。受試者發現自己被牢牢固定在清楚界定的社會秩序之中。想擺脫分配的角色，如同（小規模地）創造出某種無規範的形式。受試者若接受被界定的關係，他與實驗者的互動便是可預測的，如果受試者與實驗者決裂，那麼兩者的關係將陷入完全未知的狀態。許多受試者憂慮不服從可能帶來的後果，他們會想像權威將進行意想不到的報復。然而，如果實驗者要求的行動實在難以忍受，那麼促使受試者不服從的過程將就此展開。

這個過程從**內在懷疑**開始，緊張起初是私人的經驗，但最後都會取得**外在形式**，亦即，受試者把內心的憂慮告知實驗者，或者希望實驗者能留意受害者痛苦的狀況。受試者預期，實驗者或多或少會根據他提供的這些事實，做出跟他相同的推論：不應該再繼續電擊下去。當實驗者未能做到這點時，溝通便會出現**異議**，因為受試者會試圖說服權威改變命令。正如電擊的強度一步步升高，異議的聲音也越來越強烈，最終可能與實驗者決裂。最初提出的反對意見，儘管語氣充滿了猶豫，卻為下一次表示反對提供基礎。理想的狀況下，提出異議的受試者希望實驗者能釋放學習者，並且改變實驗的方式，如此他就不需要與權威決裂。一旦實驗者不願聽從受試者的建議，異議就轉變成**威脅**，受試者將會拒絕執行權威的命令。最後，受試者在用盡各種手段之後，知道自己必須徹底解決與實驗者的關係，才能停止電擊受害者：他決定不服從。從「內在懷疑」、「懷疑外部化」、「異議」、「威脅」乃至「不服從」：這是一條艱難的道路，只有少數受試者能走到終點。然而，這不是一條否定之路，相反地，它帶有肯定的性質，是深思熟慮後做出的反抗決定。真正消極的反而是服從本身。不服從的行為需要動員內在資源，超越先入為主的觀念與禮貌性的詞令，從而邁進到行動領域。然而花費的心理代價是巨大的。

對大多數人來說，要他們違反先前答應幫助實驗者的承諾是相當痛苦的事。服從的受試者把電擊學習者的責任推到實驗者身上，不服從的受試者卻要為破壞實驗負責。受試者相信，不服從會毀了實驗，妨礙科學家的目的，而且顯示出自己不足以勝任交託的任務。然而，受試者的不服從卻給予我們尋求已久的標準，同時也肯定了人性的價值。

不服從會讓人心煩意亂，因為這暴露自己是毫無信義之人。即使受試者選擇符合道德的行動，他依然會因為自己是導致社會秩序崩解的元凶而感到不安，他會覺得自己違背先前所做的承諾。因此，實際上為自己的行為負起責任重擔的是不服從的受試者，而不是服從的受試者。

第十三章

另一種理論：攻擊是關鍵？

An Alternative Theory: Is Aggression the Key?

我已經以我認為最合理的方式來解釋在實驗室裡觀察到的行為。有另一種觀點認為，我們在實驗室裡看到的是**攻擊**（aggression）——一種毀滅的傾向——的釋放，因為實驗室的環境允許顯露出攻擊性。我認為這個觀點是錯的，而我將說明理由。首先，讓我說明「攻擊」論點：

攻擊，在此指的是傷害其他有機體的衝動或行動。佛洛伊德認為，每個人身上都有毀滅力量，但這些力量不會隨時隨地釋放出來，因為它們受到超我或良知的限制。自我的功能——人面對現實的能力——也能控制毀滅的傾向。（如果我們一生氣就四處攻擊，最後吃虧的是我們自己，因此我們必須自我克制。）事實上，真正無法被人接受的是毀滅的本能，因為這種本能往往無法被意識察覺。毀滅的本能一直試圖尋找出口，最後往往在戰爭暴力、施虐的愉悅、反社會的個人毀滅行徑與某種狀況下的自毀行為中宣洩出來。

實驗創造了一個環境，使傷害他人成為可被社會接受的行為；不僅如此，實驗也讓受試者以促進科學研究為幌子來傷害他人。

個人在意識層面上以為自己是為社會重視的價值服務，但個人之所以順從，真正的動機來自於電擊學習者可以滿足本能的毀滅傾向。

這個觀點也與對外表觀察到的服從所做的一般常識性詮釋一致。因為，當我們首次向一般的男女描述實驗內容時，這些人立即想到了「人類潛藏的獸性即將釋放」，如虐待狂、渴望他人痛苦以及顯露靈魂黑暗與邪惡的一面。

雖然攻擊傾向是人性的一部分，但攻擊傾向與實驗裡看到的行為沒有多大關係。攻擊傾向也與戰時的士兵，在單一任務中殺死數千人的投彈員，以及用灼熱的汽油彈焚燬一座村莊的毀滅性服從無關。一般的士兵殺人，因為他被要求這麼做，而他也把這個當成自己的職責而服從命令。電擊受害者的行為不是來自於毀滅的驅力，而是來自於受試者已經成為社會結構的一部分，無法脫身。

如果實驗者指示受試者喝下一杯水。這是否表示受試者口渴？顯然不是，因為受試者只是依照指示這麼做。服從的本質在於，被執行的行動與行動者的動機無關，行動的產生來自於社會階序上層的目的體系。

關於這點，有實驗證據可資佐證。我們可以回想在實驗十一中，受試者可以自由選擇電擊強度，而實驗者想辦法讓他們相信，不管使用任何電擊強度都是正當的。儘管給予受試者充分的機會讓他們電擊學習者，但幾乎所有受試者都使用控制面板上最低的電擊強度，平均的電擊強度是三點六。如果毀滅性的驅力真的蠢蠢欲動急於宣洩，受試者又有充分理由可以自圓其說，例如他們是為了科學而選擇最強強度，那麼在這種情形下，受試者為什麼仍舊不願選擇較強的強度讓受害者痛苦？

有毀滅性傾向的受試者少之又少。頂多只有一兩個受試者會以電擊學習者為樂。實驗十一的電擊強度完全無法與受試者在接受指令下進行電擊的強度相比。兩者之間存在著數量級（order-of-magnitude）的差異。

此外，我們可以看看巴斯（Buss, 1961）與伯科維奇（Berkowitz, 1962）進行的攻擊研究，他們安排的方式與我們的實驗十一頗為類似。這兩位調查者的目的是研究攻擊本身。在一般的實驗控制中，他們故意讓受試者感到挫折，藉此觀察受試者生氣時是否會提高電擊強度。但這些控制的效果與服從實驗產生的強度差異不大。也就是說，無論實驗者如何激怒、挑釁受試者或是使他們感到挫敗，受試者頂多把強度提升一兩級，例如從第四級提高到第六級。雖然攻擊性確實增加了，但這種做法對受試者行為的影響，與服從實驗在條件變化下產生的結果，兩者之間仍存在著數量級的差異。

觀察服從實驗的受試者可以發現，幾乎少有例外，這些受試者雖然認為他們執行的任務令他們感到作嘔與不悅，卻還是認為自己有義務完成實驗。許多受試者雖然無法擺脫實驗者的權威，但他們依然會對電擊受害者一事提出抗議。偶爾會有受試者看起來真的以讓受試者尖叫為樂，但這種狀況相當罕見，而這樣的人在所有受試者當中也顯得異常而古怪。

另一項實驗證據來源是角色置換研究（見第八章）。這些實驗受試者雖然有電擊受害者的機會，卻沒有這麼做。只有所處情境的社會結構改變，他們的行為才會出現變化。

決定受試者行為的關鍵，不在於壓抑的憤怒或攻擊，而在於受試者與權威的關係。受試者完全服從權威；受試者把自己當成執行權威意旨的工具；一旦受試者心裡這麼想，他們就無法掙脫權威對他們的束縛。

第十四章

方法的問題

Problems of Method

有些批評者的心中懷抱著一種人性形象，認為人絕不可能做出實驗裡出現的行為模式。他們相信一般人不會只因為有人命令他們這麼做，就對抗議者施以痛苦的電擊。只有納粹與虐待狂，才會做出這種事。在前幾章，我已試著解釋實驗室裡的行為如何產生：實驗一開始，個人就對權威做出承諾；隨著情境轉變，情境中產生的行為意義也跟著不同；許多要素拘束著個人，使其無法做出不服從的決定。

這些針對實驗提出的批評，背後依據的是一種另類的人性模式，認為正常人在面對傷害他人與服從權威的選擇時，一定會選擇拒絕權威。有些批評者深信美國人尤其不會在權威命令下對自己的同胞做出這種不人道的事。他們認為這個實驗有瑕疵，因為實驗的內容不足以支持我們主張的觀點。最常見的反對理由如下：(1)實驗的受試者並非典型的一般民眾；(2)受試者不相信自己真的電擊了學習者；(3)實驗室的結果無法與真實世界一概而論。我們接下來將分別針對這三點進行說明。

一、**實驗的受試者能否代表一般民眾，還是說他們是特殊群體？**讓我先從一則軼事講起。我們原本的實驗完全只找耶魯的大學生擔任受試者，在這群大學生中，完全服從指令的約占百分之六十。我有個同事不假思索地認為這些發現不具參考性，因為這些受試者不能代表「一般民眾」，耶魯大學生是具有高度攻擊性與競爭性的群體，哪怕只是一丁點的挑釁，就足以讓他們爭得你死我活。他向我保證，如果是一般民眾，結果一定會完全不同。當我們從初探性的研究轉為一系列常規性的實驗時，我們也開始從紐海芬的各個生活階層選取受試的對象：專業人員、白領員工、失業人士與藍領工人。**實驗的結果跟我們從大學生觀察到的完全一樣**。

參加實驗的人完全出於自願，我們要問，招募程序本身是否對受試者的組成產生偏誤。

在接下來的研究中，我們問受試者為什麼來參加實驗。比例最高的群體（十七%）表示，他們是對心理實驗感興趣而來；百分之八點九的人表示錢是最主要的理由；百分之八點六的人說他們對記憶有興趣；百分之五的人說想藉此更了解自己。參加實驗的動機各色各樣，受試者的來歷也極為廣泛。此外，羅森塔爾與羅斯諾（Rosenthal and Rosnow, 1966）也顯示自願參加實驗的人要比非自願的人「較不」服從權威。因此，就算有任何偏誤經由自願者效應出現在實驗中，那麼充其量也是讓受試者更加傾向於不服從。

此外，當普林斯頓、慕尼黑、羅馬、南非與澳洲等地也如法泡製進行相同的實驗時，每個地方使用的招募方式略有不同，受試者的組成也與我們有所差異，但服從的程度全都比本書討論的實驗結果略「高一些」。例如，慕尼黑的曼特爾（Mantell）發現他的受試者有百分之八十五服從權威。[1]

二、**受試者是否相信自己對學習者施加了痛苦的電擊？**緊張的產生明顯證明受試者確實與實驗衝突有關，代表紀錄（一九六三年）、刻度數據（一九六五年）與影片敘述（一九六五年 a）都觀察到這一點並且做出報告。

在所有的實驗條件中，受試者認定的疼痛程度很高，從表六可以看到實驗裡某個代表群體的數據。在實驗二，也就是聲音回饋的實驗中（可以聽見受害者的聲音，但看不見受害者），刻度的最大值是14，服從的受試者認為平均疼痛程度達到11.36，位於「極度疼痛」的範圍內。一半以上的服從受試者認為疼痛程度超過14，至少有一名受試者打了「+」號，表示「極度疼痛」已不足以形容。實驗二的四十名受試者中，有兩名分別給了1與3，他們不認為受害者受到痛苦的電擊，而這兩名受試者都是服從者。乍看之下，這兩名受試者並未受到實驗者的意圖所左右。然而事實並沒有那麼簡單，因為拒絕從事令人不快的行為會形成防衛機制，有些受試者在執行電擊時必須重新建立自己的心境，才能用正面的角度看待自己的行為。問題是，受試者的懷疑是確定的假設，抑或只是一時產生的念頭？

在受試者參與實驗一年後，我們發放問卷，詢問受試者是否相信學習者真的遭到電擊，並且對於受試者的回應做了詳細調查與檢視。問卷的項目見表七，上面也有回應的

---

1 普林斯頓：D. Rosenhan, Obedience and Rebellion: Observations on the Milgram Three-Party Paradigm. In preparation.
在慕尼黑：D. M. Mantell, "The Potential for Violence in Germany." *Journal of Social Issues*, Vol. 27, No. 4 (1971), pp.101-12.
在羅馬：Leonardo Ancona and Rosetta Pareyson, "Contributo allo studie della aggression: La Dinamica della obbedienza distruttiva," *Archiva di psicologia neurologia e psichiatria*, Anna XXIX (1968), fasc. IV.
在澳洲：W. Kilham and L. Mann, "Level of Destructive Obedience as a Function of Transmittor and Executant Roles in the Milgram Obedience Paradigm." In press (1973) *Journal of Personality and Social Psychology*.

表 6 | 受試者估計受害者的疼痛程度

條件	服從的受試者	不服從的受試者	全部的受試者
	n	n	
遠端回饋	13.50 (20)	13.27 (11)	13.42
聲音回饋	11.36 (25)	11.80 (15)	11.53
近端回饋	12.69 (16)	11.79 (24)	12.15
觸摸回饋	12.25 (28)	11.17 (12)	11.93
新基準	11.40 (26)	12.25 (14)	11.70
人員變動	11.98 (20)	12.05 (20)	12.02
布里吉波特的辦公大樓	11.79 (19)	11.81 (18)	11.80
女性做為受試者	12.88 (26)	12.07 (14)	12.60
權威的接近	11.67 (31)	12.39 (9)	11.83

分布情形。

四分之三的受試者（問卷的第一與第二類）表示，他們相信自己執行了痛苦的電擊。其實他們大可否認自己並未受騙，來為自己執行電擊開脫。然而，卻只有五分之一的受試者表示自己曾經起疑。

斯沃斯莫爾學院（Swarthmore College）的大衛・羅森漢（David Rosenhan）重複我們的實驗，藉此取得基礎度量，使他能更深入進行研究。羅森漢安排了詳盡的訪談。他讓訪談者獨立於實驗之外，讓訪談者取得詳細的受試者經驗，在詢問受試者是否相信學習者真的遭到電擊時，訪談者甚至會問：「你的意思是說，你沒搞清楚實驗在做什麼？」根據這種嚴格的相信標準，羅森漢在報告中指出（根據獨立判斷者的判定），有六成受試者完

表 7 | 對相信問題的回應

實驗期間	不服從	服從	全部受試者
1. 我深信學習者遭到痛苦的電擊	62.5% (230)	47.9% (139)	56.1% (369)
2. 雖然有所懷疑，但我相信受試者「可能」遭到電擊	22.6% (83)	25.9% (75)	24.0% (158)
3. 我不確定學習者是不是真的遭到電擊	6.0% (22)	6.2% (18)	6.1% (40)
4. 雖然有所懷疑，但我認為學習「可能」沒遭到電擊	7.6% (28)	16.2% (47)	11.4% (75)
5. 我確定學習者沒遭到電擊	1.4% (5)	3.8% (11)	2.4% (16)

全相信實驗的真實性。在檢視了受試者的表現之後，羅森漢表示有百分之八十五的受試者完全服從。（值得一提的是，羅森漢找來的受試者比我的實驗年輕，我相信這可以解釋為什麼他的受試者服從程度較高。）

當我的實驗導入可比較的統計控制類型時，實驗的結果並未出現重大變化。舉例來說，在實驗二，也就是聲音回饋實驗中，相信學習者遭到電擊的受試者（第一與第二類）有百分之五十八服從；其中第一類有百分之六十服從。在所有實驗條件不變的狀況下，這種控制數據的方式稍微減少了服從與不服從受試者的比例。這種變化可以讓條件之間的關係維持不變，從而不會影響對意義與發現的詮釋。

總而言之，絕大多數受試者都相信實驗狀況是真實的；只有少數表示懷疑。在每一種實驗條件下，我估計每四名受試者就有兩名認為受害者並未遭受痛苦的電擊，但我仍決定在統計時不要去除任何一名受試者，因為以不精確的標準來決定受試者的去留，很容易在不經意間產生不可靠的假設。即使是現在，我也不願去除那些受試者，因為我無法確定，這些不受技術幻覺蠱惑的受試者產生懷疑，是促使他們服從的原因，還是正好相反，是服從造成的結果。認知過程也許可以讓受試者合理化自己被迫從事的行為。事實上，受試者大可用自己不相信受試者遭到電擊為理由來解釋自己的行為，而有些受試者可能在事後解釋時以此做為開脫的藉口。受試者這麼做既不費吹灰之力，又能保全自己的尊嚴。此外，這麼做也能顯示他們多麼敏銳與機警，能識破實驗者設下的謊言。

然而，更重要的是能看出「否認」（即拒絕相信）在整個服從與不服從的實驗過程中扮演的角色。「否認」是受試者在實驗過程中所做的認知調整，我們必須從一些受試者的表現來探討否認在當中扮演的角色（見第十二章）。

三、**實驗室的狀況真有那麼特殊，以致於在實驗室觀察到的結果無法幫助我們理解整個社會生活的服從狀況？**不，如果人們真的了解他們在實驗室裡觀察到的東西，亦即，人多麼容易淪為權威的工具，以及在這種狀況下，人多麼難以從權威中掙脫，那麼答案當然是否定的。我曾在第十一章檢視過，只要產生服從的基本條件不變，那麼服從權威的過程將永遠持續下去。這裡的基本條件指對於與自己建立關係的人，人們根據這個人的身分地位，認為他有權命令他們從事某些行為。雖然服從的方式與細節因環境不同而有所差異，但基本的過程依然相同，就像燃燒的火柴與森林大火，兩者的燃燒原理是一樣的。

將一件事物概括成另一件事物，這種做法的問題不是源自於對兩件事物進行點對點的比較（例如火柴很小，而森林很大等等），而是源自於人們是否對相關過程達成正確的理論理解。以燃燒為例，我們必須了解燃燒指的是在電子激發的狀況下急速氧化的過程，至於服從，則是指行動者內在心靈過程的重構。

有些人認為心理實驗是獨一無二的事件，因此不能概括成外在的真實世界。[2]然而更有用的做法是能了解任何社會現象都是獨特的，但社會科學家的任務就是從看似雜亂的現象中找出共通的原理原則。

2 見M. I. Orne and C. C. Holland以及我對他們的回應：A. G. Miller (ed.) *The Social Psychology of Psychological Research*. New York: The Free Press, 1972。

心理實驗的環境，與其他由從屬與上級角色構成的環境一樣，兩者有著相同的核心結構特質。在所有這類環境中，人們回應的與其說是命令的內容，不如說是他與命令者之間的關係。事實上，正當性的權威才是行動的源頭，**關係比內容來得重要**。這就是社會結構的重要性，我們的實驗證明的就是這一點。

有些批評者試圖否定我們的研究成果，認為行為是因為實驗者而獲得正當性，彷彿行為本身無足輕重。然而，服從的社會意義也能賦予行為正當性，無論是士兵、員工還是監獄死刑執行人員的行為均屬此類。畢竟，艾希曼也是具正當性社會組織的一份子，而且站在他的角度來看，他只是盡忠職守。換言之，我們研究的**不是**被壓迫者（這些人在殘酷的刑罰下不得不屈服）的服從，而是自願順服者（社會給予這些人角色，而他們也願意滿足社會對他們的要求）的服從。

• • •

另一個更特定的問題：實驗室的服從與納粹德國的服從，兩者是否類似。顯然，這兩者有著巨大差異。光是時間尺度就完全不同。實驗室的實驗只有一個小時；納粹的災難卻持續十年以上。實驗室裡觀察到的服從，難道能跟納粹德國時代看到的服從相比？（火柴的火花能跟一八九八年芝加哥大火相提並論嗎？）這個問題肯定要這麼回答，雖然環境與規模有很大的差異，但兩起事件涉及的卻是共通的心理過程。

在實驗室裡，透過一套簡單的操作程序，一般民眾會認為自己在傷害他人的因果關係中不需要負起責任。這種做法使人捨棄責任，使人成為毫無思想的行動工具，其所造成的影響相當深遠。我們可以從紐倫堡大審的戰犯供詞、從美國人在美萊村進行的屠殺、從安德森維爾（Andersonville）戰俘營的慘劇，看到同樣的事一而再再而三發生。我們從士兵、政府人員與服從的受試者可以看出相同的傾向，他們都毫無保留地服從權威，而權威也使用相同的心理機制來瓦解他們的心防，使他們對無助的受害者喪失憐憫之心。當然在此同時我們也必須認識到，我們的受試者與希特勒統治下的德國人，兩者面臨的處境是天差地別。

對我們的受試者來說，實驗是為了追求正面的人類價值：探討學習與記憶過程的知識。這些目的與我們平日崇尚的文化價值一致。服從只不過是達成這些目的的手段。相較之下，納粹德國追求的目標本身在道德上就可受指摘，許多德國人對此也心知肚明。[3]

我們的受試者之所以服從，主要與受試者必須與實驗者面對面接觸以及伴隨而來的監督有關係。我們發現當實驗者不在實驗室時，受試者的服從程度馬上下滑。德國人的服從在更大程度上來自於權威的內化，而非分秒不離的監督。我推測這種內化現象只可能來自相對長時間的思想灌輸，我們在實驗室裡進行的短暫實驗不可能做到這一點。因此，促使德國人服從的機制絕不只是短時間針對不服從者的羞辱與指責，而是更為內化的懲罰機制，只有與權威產生廣泛的關係才有可能如此。

還有一些差異也應該簡短做個介紹：反抗納粹本身就是英雄的行為，而非毫無影響力的決定，而這樣的行為可能帶來的懲罰就是死亡。懲罰與威脅的陰影永遠籠罩在每個人頭上，受害者本身則完全受到詆譭，而且被塑造成不值得存活或不值得同情。最後一點，我們的受試者已經被權威告知，他們對受害者做的只會造成短暫疼痛，而非永久性的傷害。但直接參與屠殺的德國人明知自己的做法不僅會造成疼痛，而且還會摧毀對方的生命。因此，在最後的分析裡，德國從一九三三年到一九四五年發生的事只能被充分理解為獨特的歷史發展，以後將永遠不再重演。

然而，服從做為一種心理過程，我們可以藉由研究簡單的情境來捕捉服從的本質，例如具正當性的權威命令某人傷害第三人。當我們的實驗受試者與德國受試者面臨這個簡單情境時，兩人的內心會產生類似的心理調適。

一九七二年，亨利・狄克斯（H. V. Dicks）發表一份研究報告，對於服從的本質提出補充性的看法。狄克斯訪談了前親衛隊集中營工作人員與前蓋世太保成員，並且在結論裡把他的觀察與服從實驗連繫起來。狄克斯發現，親衛隊與蓋世太保成員的心理機制，與實驗室裡的受試者有著明顯的相似性：

> 米爾格蘭……發現了人性中初生的這種貶損受害者的需求……我們從一些人身上，舉例來說，從BS、BT與GM（狄克斯研究中的受訪者）身上看到相同的傾向……他們認為自己是「無能為力的小齒輪」，並以此來為自己進行道德辯護。這種做法固然令

3 然而我們不應該對此抱持天真的想法。我們都知道控制宣傳機器的政府如何千篇一律地以符合道德的詞彙來描繪它要遂行的目標；例如在我國，殺害越南老弱婦孺的行為可以解釋成拯救自由世界的行為。我們也看到，各種說法都可以輕易成為具正當化的目標。獨裁者會以建立價值為名來說服群眾支持他的作為。就連希特勒也不可能以仇恨為理由來屠殺猶太人，他提出的口號是淨化雅利安民族與創造更高等的文明，使其免受害蟲的侵擾。

人印象深刻，但另一方面，同樣令人深刻的則是米爾格蘭所記錄的受試者，這些人事後宣稱，「他們相信自己服從命令所做的事是錯誤的」，因此他們認為自己仍符合道德。然而他們的美德完全是空話，因為他們並未起而反對權威。這項發現讓我們想起ＰＦ（親衛隊成員）這個人，他在事後居然擺出一副憤懣的樣子，對於自己在命令下從事的行為感到生氣，這個人顯然人格已經分裂。

米爾格蘭的實驗清楚顯示從眾與服從權威是「太人性」的表現……他的研究也顯示，他的「一般」受試者就跟我的親衛隊成員一樣，在執行命令之後會提出同樣的理由為自己開脫……

已逝的高爾頓・奧爾波特（Gordon W. Allport）喜歡把這項實驗典範稱為「艾希曼實驗」，因為他發現受試者的處境與惡名昭彰的納粹官僚類似，後者只是「盡忠職守」，卻因此殺害數百萬人。「艾希曼實驗」這個詞或許形容得相當貼切，但我們不能因此誤解這項實驗的意義。只專注於納粹（無論他們做出多麼卑劣的行為），只注意那些廣為人知的暴行，並且將他們與我們進行的研究連繫起來，這麼做完全搞錯了重點。因為我們研究關切的主要是每天人們服從命令下造成的一般而日常的破壞。

第十五章

後記

Epilogue

知與權威的衝突所導致的進退兩難局面，是社會固有的本質，而我們也將永遠面對這個問題，這點不因納粹德國的存在與否而有所改變。如果把這個問題當成歷史，那麼會予人一種錯覺，以為這種事與我們毫無關聯。

有些人對於納粹的例子嗤之以鼻，因為我們生活在民主體制，而非威權體制。然而，這實際上並沒有解決問題。因為問題並不是出在「威權主義」這種政治組織模式或心理態度上，而是源自於權威本身。威權主義會被民主實踐取代，但只要社會持續以我們所知的方式運作，那麼權威將永遠存在下去。[1]

在民主國家，必須經由選舉才能擔任公職。然而，一旦選上公職，他們獲得的權威並不比藉由其他方式取得公職的人來得少。此外，我們不只一次發現，民選權威的要求也會與良知產生衝突。數百萬名黑人遭到進口與奴役、美洲印第安人的滅絕、日裔美國人遭受監禁、以凝固汽油彈轟炸越南平民，這些全是民主國家權威做的可怕殘酷決策，而民眾的反應也一如預期地服從了。每一項決策都引發道德的呼聲起而反對行動，但一般民眾的反應則是服從命令。

我在全國各大學講授服從實驗時，總是感到驚訝。我面對的年輕人對於實驗受試者的行為感到吃驚，並且表示他們絕不會這麼做。然而幾個月後，同樣的一批人進了軍隊，與他們執行的任務相比，電擊受害者實在是微不足道的小事，但這些人卻一點也不感到愧疚。從這一點來看，這些學生與歷史上任何時代的人一樣，他們都為權威的目的服務，成為毀滅過程的工具。

服從與越戰

每一代的人都藉由自身的歷史經驗來學習服從問題。美國最近才從代價高昂而充滿爭議的東南亞戰爭中抽身而出。

美國人在越戰犯下的不人道罪行可說是罄竹難書，在此無法一一詳述。讀者可以閱

---

1 比爾斯德特（Bierstedt）相當正確地指出，權威現象甚至比政府現象更為根本：「……權威問題奠基在適當社會結構理論的最底層……某方面來說，甚至政府也不只是一個政治現象，政府其實首要而且根本上是一種社會現象……產生政府的母體本身就具有秩序與結構。如果無政府狀態是政府的相反詞，那麼社會混亂（anomy）也是社會的相反詞。換言之，權威一詞最狹義的解釋本來就不是純指政治現象。權威不只出現在社會的政治組織，所有組織都可見它的蹤影。社會的每個組織，無論它多小或存續的時間多短，都擁有自己的權威結構。」Bierstedt, pp.68-69。

讀幾篇論文來了解這個主題（Taylor, 1970; Glasser, 1971; Halberstam, 1965）。我們只簡單這麼說，我們的士兵把焚燒村落當成家常便飯，執行所謂的「自由開火區」政策，廣泛地投下凝固汽油彈，用最先進的科技對付原始的軍隊，在廣大地區噴灑落葉劑，為了軍事目的而強行疏散病人與老弱婦孺，以及公然屠殺數百名手無寸鐵的平民百姓。

看在心理學家眼裡，這些絕不是非個人的歷史事件，這些行動是由跟你我一樣的人執行的，在權威改造下，他們完全不認為自己該對自己的行為負責。

一個循規蹈矩的人，如何在幾個月之內變成泯滅良知任意殺人的人？接下來讓我們檢討整個過程。

首先，他必須從軍事權威系統之外進入到系統之內。大家熟知的兵單提供了正式機制。效忠誓詞進一步加強役男對新角色的認同。

軍事訓練區域必須與廣大的外部社群隔離，以避免其他權威與軍事權威競爭。賞罰是依據個人的服從程度來分配。基本教練費時數星期。表面上，基本教練是為了讓役男學會軍事技能，但最根本的原因是要粉碎役男的個別性與自我。

教練場上的訓練課程不是為了讓新兵行進更有效率，而是為了紀律，以有形的方式讓個人完全融入組織模式裡。班與排的動作很快就整齊劃一，完全聽令於訓練官。整個隊形與其說是由個人組成的，不如說是由機器人所構成。軍事訓練的目標就是把步兵簡化成機器人，去除他們的自我，透過持續操練，使士兵打從心裡接受軍事權威。

在把士兵運往戰區之前，權威會想盡辦法讓士兵的行動獲得意義，使其與具有價值的理想以及重要的社會目的相連結。他們告訴士兵，戰場上遇見的都是美國的敵人，除非殺死敵人，否則美國會有危險。以這種方式定義局勢，從而合理化殘酷與不人道的行為。在越戰中，還有一項要素使殘忍行為的施行變得更容易：敵人是另一種種族。越南人被稱為「越南佬」（gook），彷彿他們是次等人類，不值得同情。

在戰區裡，新狀況產生了；士兵面對的敵人接受過相同的訓練與灌輸。士兵所屬的隊伍如果缺乏組織就會陷入危險，因為缺乏組織會使戰力降低，導致戰敗的結果。因此，維持紀律成為生存的條件，士兵沒有別的選擇，只能服從。

在執行日常勤務時，士兵體驗到什麼叫任意殺戮、傷害與殘虐他人，而他們的對象不分軍人或平民。士兵的行動使無數男女老幼遭受痛苦與死亡，而他們卻不認為這些事與他們個人相關。因為他們只是盡忠職守。

有些士兵想不服從或叛逃，但他們所處的實際環境卻不允許他們這麼做。他們能逃去哪裡？此外，不服從會馬上遭受嚴厲的懲罰，而最終還有強大而內化的服從基礎。士兵不想表現出怯懦的樣子，也不想不忠或背叛美國人。處境如此明確，他只能藉由服從來表現他的愛國心、勇氣與男子氣概。

人們告訴他，他是為了正義而殺人。這個定義來自最高層，不是來自他的排長，也不是來自越南的美軍指揮官，而是來自總統本人。國內的反戰人士遭到憎惡。因為士兵被限制在權威結構裡，指控士兵從事邪惡的工作只會讓士兵的心理調適受到威脅，而士兵要在戰場生存，這樣的心理調適卻不可或缺。光是在戰場度日生存已極為艱困，誰還有餘力擔心道德。

對有些人來說，他們轉變成代理人心態只是局部的，人性價值偶爾還是能探出頭來。這種被良知喚醒的士兵雖然少之又少，卻是造成軍隊瓦解的潛在根源，因此往往被隔離在部隊之外。

從組織的運作中，我們獲得很大的啟示。只要能用監禁的方式處理，那麼個人的背叛往往無法產生效果。少了他，很快就有人頂替他的位置。唯一能威脅軍事運作的是單一的背叛者鼓動其他人一起反叛。因此，反叛者必須被孤立起來或予以嚴懲，以儆效尤。

許多例子顯示，科技可以提供需要的緩衝來減少壓力。從一萬呎高空投下凝固汽油彈；在紅外線示波器上出現的不是人，而是小小的亮點，而加特林機槍瞄準的正是這些亮點。

在戰時，一般人所做的殘忍與野蠻行徑，絕非實驗室裡的受試者所能比擬。戰爭結束不是因為個別士兵的不服從，而是因為政府改變政策；當命令下達，士兵們才放下武器。

戰爭結束前，各種暴行的曝光，使我們最陰鬱的預感成真。越戰的美萊村屠殺事件尤其清楚顯示了本書提出的問題。以下是CBS新聞邁可・華萊士（Mike Wallace）進行訪談時，參與者對這次事件的描述：

問：每架直升機載了多少人？

答：五個人。我們在村子附近降落後排成一列，朝村子步行前進。有個男人，一個躲在防空洞裡的越南佬，他整個人縮在裡面。有人大聲說，那裡有個越南佬。

問：那個人看起來幾歲？我的意思是，那個人是戰鬥人員還是老人？

答：老人。發現的那個人把老頭拖出來，然後回報說，這裡有個越南佬。米契爾中士（Sergeant Mitchell）大聲回道，殺了他。

問：米契爾中士負責指揮你們二十個人？

答：他負責指揮一整個班。所以，那個人殺了那老頭。我們走進村子，開始搜索，我們把民眾集合起來，然後搜查村落的中心。

問：你們集合的村民有多少人？

答：嗯，集合在村子中心的大約有四、五十人。我們讓他們待在那裡，那裡就像座小島一樣，就在村子的中心，我估計……還有……

問：都是什麼樣的人，男人、女人或小孩？

答：男人、女人和小孩都有。

問：有嬰兒嗎？

答：有的。我們讓他們擠在一起。我們要他們蹲下，這時凱利中尉（Lieutenant

Calley）走過來說：「你知道怎麼處置他們吧？」我說知道。我理所當然地認為他是要我們看守他們。他離開了，大約十到十五分鐘後又折回來，他說：「你怎麼還沒殺了他們？」我告訴他，我不知道你要我們殺了他們，我以為你只是要我們看守他們。他說：「不，我要他們死。」所以——

問：他是對你們所有的人這麼說，還是只對你這麼說？

答：這個嘛，我當時面對著他。但其他三、四個人也聽到了，然後他退後了十到十五呎，開始對民眾開槍。他要我也開槍射擊。所以我開始射擊，我對著人群打光了四個彈夾。

問：你打光了四個彈夾，從你的……

答：M-16步槍。

問：那是多少彈夾，我是說，多少……

答：我每個彈夾裝了十七發子彈。

問：所以你大概射了六十七發子彈？

答：是的。

問：你殺死了多少人？在那個時候？

答：呃，因為我是用自動模式射擊，所以沒辦法計算——你只是對著他們掃射，你不知道自己殺死多少人，因為整個過程很快。我想我大概殺死十到十五個人。

問：男人、女人與小孩都有？

答：男人、女人與小孩都有。

問：還有嬰兒？

答：還有嬰兒。

問：好的，然後呢？

答：我們又集合更多的村民，大約七、八個人，讓他們進到茅草屋裡，然後我們扔了一枚手榴彈進去。

問：接下來呢，你們又集合更多的人嗎？

答：我們集合了更多人，大約七、八個人。我們把他們趕進茅草屋裡，趕進去之後，就扔了一枚手榴彈進去。有人躲在溝渠裡，長官要我們把村民帶到溝渠那裡，於是我們又把村民從茅草屋帶出來，讓他們走到溝渠——等到我們帶他們走到溝渠時，那裡已經有七十到七十五個人。於是我們把帶來的村民也送進這群人裡。凱利中尉對我說，「阿兵哥，事情還沒完呢。」說完他便走向村民，推倒他們開始開槍射擊……

問：把他們推到溝渠裡嗎？

答：是的，那是個灌溉用的水道。於是我們開始把他們推下去，然後射擊，就這樣，大家一擁而上，推倒，然後用自動模式掃射。然後……

問：還是一樣，有男人、女人還有小孩？

答：是的，有男人、女人還有小孩。

問：也有嬰兒？

答：也有嬰兒。我們開始射擊，這時有人要我們改成單發射擊，這樣可以節省子彈。於是我們改成單發，然後又射了好幾發子彈……

問：你為什麼這麼做？

答：我為什麼這麼做？因為我覺得我是遵守上級的命令，而且當時我也覺得自己做的事是對的，我說過了，我失去好幾個同袍弟兄。我失去了好友鮑比・威爾森（Bobby Wilson），我並不會感到良心不安。因此，當我做這件事時，我覺得很痛快，但之後，我開始感到不對勁。

問：你結婚了嗎？

答：結了。

問：有孩子嗎？

答：兩個。

問：年紀多大？

答：兒子是兩歲半，小女兒是一歲半。

問：我忍不住產生這樣的疑惑……身為兩個孩子的父親……怎麼狠得下心殺死嬰兒？

答：當時我的小女兒還沒出生。我當時只有兒子。

問：嗯……你怎麼射殺那些嬰兒的？

答：我不知道。那只是過程之一。

問：你覺得當天有多少人被殺？

答：我想大概有三百七十人。

問：你怎麼估出這個數字的？

答：我只是稍微看一下。

問：你說，死的人很多，那你覺得自己殺了多少？

答：我說不上來。

問：二十五人？五十人？

答：我不知道，真的太多了。

問：那麼，有多少人實際開槍了？

答：嗯，我真的不知道。還有其他的排……別的地方也有一個排，還有……我不知道有多少人。

問：這些村民是排成一列被槍決嗎？他們應該不是死於交叉火力之下吧？

答：他們沒有排成一列……他們就是被推進溝渠裡，或坐或蹲著……然後被殺死。

問：這些村民是什麼樣的人，特別是女人、小孩還有老人，他們做了什麼？他們對你說了什麼？

答：他們並沒有說什麼。他們只是被推擠著，然後按照指示做。

問：他們沒有求饒說：「不要……不要」，還是什麼……

答：有的，他們求饒，並且說「不要，不要。」母親們抱著自己的孩子……但他們還是開槍了。嗯，我們還是開槍了。他們揮舞著雙臂求饒……

（《紐約時報》，一九六九年十一月二十五日）

這名士兵並未因為自己在美萊村的行為而遭受審判，因為當大屠殺公諸於世時，他已不受軍事法院的管轄。[2]

在閱讀了美萊村大屠殺、艾希曼審判，以及安德森維爾戰俘營指揮官亨利・沃茲中尉（Lieutenant Henry Wirz）的審判後[3]，我們可以發現有幾個反覆出現的主題：

一、我們發現有一群人執行職務並且接受上級指揮（儘管違背道德）。

二、在這當中，個人的確把摧毀他人當成一項職責，而不顯露個人的情感。他們對道德的感受程度很低，乃至於認為自己的一切行動都必須遵循上級權威的指示。

2 率領一個排執行這項行動的威廉·凱利中尉，以「長官命令」做為抗辯理由。軍事檢察官質疑凱利「長官命令」的說法。但有趣的是，檢察官並不爭辯士兵必須服從命令的原則是否有誤，相反地，他指控凱利在未獲得命令下採取行動，因此他必須為大屠殺負責。凱利被判有罪。

凱爾曼與勞倫斯（Kelman and Lawrence, 1972）研究美國民眾對凱利案的反應，他們的發現令人有些洩氣。受訪者有百分之五十一表示，如果上級下令射殺越南村子所有的居民，他們會照做。凱爾曼的結論是：

「顯然，不是每個人都同意明顯具正當性的權威提出的要求具有說服力。不是所有米爾格蘭的受試者都會電擊受害者直到最大強度。不是每個凱利帶領的士兵都會聽他的命令射殺手無寸鐵的村民。這些抗命者顯然很努力地想維持個人的判斷能力與責任心，而這些其實都是我們日常生活中保有的東西。

「然而，我們的資料顯示，許多美國人認為他們無權反抗權威的要求。他們認為凱利在美萊村的行為是正常的，甚至是可取的，因為（他們認為）凱利這麼做是為了服從具正當性的權威。」

我們要問，為什麼凱爾曼的受訪者認為自己在美萊村時也會服從軍事權威的命令（但卻很少有人——如果真的有的話——認為自己會服從實驗權威）。

首先，這個問卷是在越戰期間進行的，它反映了民眾對於這場戰爭的態度，也顯示民眾普遍支持政府政策。如果這個問卷是在和平時期進行的，那麼相信絕大多數民眾都會選擇不服從。調查的結果也顯示對美國大兵的支持，絕大多數美國人認為不應該讓士兵接受審判。其次，一般人在面對軍事背景下的服從問題時，他們會從自己最熟悉的場景來思考這個問題：他們知道士兵應該服從命令，但他們對問題的反應卻是來自常識、傳聞與對軍事事務的一知半解。然而，這不表示他們對一般的服從原則有一定的認識，除非他們能將這個原則正確地適用在全新的環境裡。民眾了解這場屠殺事件，但他們不知道這種行為是在有組織的社會中以人們不容易看到的方式實行，而且執行起來如同家常便飯。最後，這些回應顯示美國民眾完全站在權威的觀點來評價越戰。他們徹底受到政府宣傳的灌輸（從社會層面來說，政府宣傳是用來傳播官方對現狀的定義）。從這個意義來看，凱爾曼的受訪者並未完全處於權威系統之外，當他們評論時，其實深受權威系統的影響。

3 Henry Wirz, *Trail of Henry Wirz*（安德森維爾戰俘營指揮官）, House of Representatives, 40th Congress, 2d Session, Ed. Doc. No. 23.（臨時戰爭部長的信，對一八六六年四月十六日眾議院決議案的回應，裡面簡短提到亨利·沃茲的審判，一八六七年十二月十七日，隨選列印）。

三、「忠誠」、「責任」與「紀律」這些個人價值源自於階序的技術需要。對個人來說，這些價值就像道德一樣崇高而重要，但從組織的角度來說，這些價值只不過是為了維持廣大系統存在而設的技術條件。

四、語言要經常調整，使行為不會在口語層面上與我們從小習用的口語道德概念產生直接衝突。因此，委婉用語開始支配語言——這並非微不足道的事，而是為了避免個人行為充斥著道德意涵。

五、責任感不斷在下屬的心中浮現。通常還會連帶出現「授權」的要求。事實上，不斷要求授權會使下屬產生一種意識，認為缺乏授權可能違背了某種道德規則。

六、行動總是藉由一連串建設性的目的來加以合理化，並且在高度意識形態的目標下顯得高尚；在這場實驗裡，我們以科學之名，違背受害者的意志對受害者進行電擊；在德國，毀滅猶太人的行動是以「衛生」為名，企圖驅除「猶太害蟲」（Hilberg, 1961）。

七、反對具摧毀性的事件或是讓這類事件成為談話的主題，這類做法總會招來負面的形式元素。因此，在納粹德國，即使面對與「最後解決」最息息相關的事物，人們也會認為談論殺戮是不得體的事（Hilberg, 1961）。實驗中的受試者常覺得拒絕實驗者是一件羞赧的事。

八、在權威與受試者的關係維持不變的狀況下，為了緩解執行不道德命令所產生的壓力，受試者必須做出心理調適。

九、服從並不是以彼此衝突的意志，或是以哲學的戲劇性對峙形式出現，而是源自於整個外在氣氛，這種外在氣氛的基調是由社會關係、事業野心與日常技術決定的。一般來說，我們不會看到秉持良知奮鬥的英雄人物，也不會看到幾近病態具攻擊性的人一心一意追逐權位，相反地，我們只會看到一個被賦予任務的辦事員，努力在長官面前留下辦事能力佳的印象。

接下來，讓我們回到實驗，試著強調實驗的意義。實驗中出現的各種行為都是正常的人類行為，只是在條件設定下使我們更清楚地看出人性中存在著某種足以危及人類生存的元素。而我們看到的這項元素究竟是什麼？它不是攻擊性，因為電擊受害者的人身上沒有憤怒、報復或仇恨。人的確會生氣；人的確會在仇恨的驅使下在他人身上宣洩怒氣。但實驗裡的狀況不是如此。實驗裡呈現的是更危險的現象：人放棄了人性固有的能力，事實上，這麼做是不可避免的，當人融入廣大的制度結構時，他不得不放棄自己的獨特人格。

這是我們人類設計上的致命缺陷，長期而言，這樣的缺陷使我們人類享有不算太高的生存機會。

諷刺的是，我們極力讚揚的忠誠、紀律與自我犧牲這些美德，其實正是創造出具毀滅性的戰爭組織機器，以及使人願意接受惡意權威系統命令的根源。[4]

每個人都擁有良知，多少可以抑制內心傷害他人的衝動。然而，一旦人放棄自我，融入組織結構之中，一個新生物將取代原本具有自主意識的人，他開始不受個人道德的限制，也無視人性的拘束，完全以權威的命令為依歸。

服從的極限是什麼？我們試圖從各方面畫出界線。我們讓受害者大叫，但顯然不夠。受害者宣稱心臟不舒服，受試者依然服從命令電擊他。受害者懇求放了他，而訊號燈也不再顯示他的回應；受試者還是繼續電擊他。在實驗之初，我們沒想到為了引發受試者不服從居然要用上這麼激烈的程序，我們都是在一種方法完全沒用之後，再追加另一種方法。最後我們找到的極限是近端觸摸條件。但是這個實驗的第一位受試者在執行電擊時，還是一樣依照命令完成到最強等級。在這場實驗中，有四分之一的受試者做出類似的行為。

實驗室裡看到與感受到的結果，令我感到不安。實驗結果顯示，人性，或者說得更明確一點，美國民主社會培育出來的民眾性格，完全無法避免美國民眾在惡意權威的命令下遭受野蠻與不人道的對待。相當高比例的民眾會依照指令辦事，他們無視行為的內容，也不受良知限制，只要他們認為命令來自具正當性的權威，他們都會照做。

在〈服從的危險〉（"The Dangers of Obedience"）中，哈洛德・拉斯基（Harold Laski）寫道：

---

4 無政府主義認為應取消所有的政治機構，這種做法似乎是解決權威問題的有力辦法。然而，無政府主義產生的問題也同樣無解。首先，雖然權威的存在有時會導致無情與不道德的惡行，但取消權威卻會使受害者遭受更有組織之人的侵害。如果美國放棄所有的政治權威形式，那麼結果可想而知。我們很快會因為自身的無組織而受害，因為更有組織的社會馬上會利用我們的弱點產生的良機採取行動。

此外，描繪高尚個人持續與邪惡權威鬥爭，這種做法未免過於化約。事實上，鬥爭者表現出來的高尚、用來對抗邪惡權威的價值，其實也來自權威。有人因為權威而做出殘酷的事，但也有人面對權威，勇於拒絕權威的命令。

……最重要的是，文明指的是不加諸不必要的痛苦。根據這個定義，凡是輕易接受權威命令的人，都沒有資格自稱是文明人。

……如果我們想過一個並非全然沒有意義的人生，我們就不應該接受與我們的基本經驗違背的任何說法，儘管這些說法出自傳統、習慣或權威。當然，我們有可能是錯的；但除非別人要求我們接受的事物與我們經驗中認為確實無誤的事物一致，否則我們就不該輕易放棄對自我的表達。這就是為什麼在任何狀況下，自由的條件總是廣泛而一貫地對權力堅持的標準表達質疑。

附 錄 I

研究的倫理問題

Problems of Ethics in Research

這裡描述的研究目的，是在能仔細觀察服從的環境下，探討服從與不服從權威的現象。實驗者要求受試者服從一連串越來越嚴酷的指令，我們的重點是觀察受試者何時會停止服從。為了建立適合觀察行為的環境，我們必須添入一點戲劇成分，甚至要運用技術建立假象（例如受害者要假裝自己遭到電擊）。實驗中事先安排的部分僅是如此，其他全都是在非安排下發生的。

然而，對一些批評者來說，這項實驗真正恐怖的不在於受試者服從，而在於這樣的實驗真的被執行了。這項實驗也引發了專業心理學家兩極化的反應。[1]一方面受到高度推崇，另一方面也受到嚴厲批評。一九六四年，黛安娜・鮑姆林德博士（Dr. Diana Baumrind）在《美國心理學家》（*American Psychologist*）中抨擊這項實驗，之後我發表了以下這篇回應：

……在最近一期《美國心理學家》中，一名批評者針對服從報告提出幾個問題。他對於實驗受試者的權益表示關切，並且質疑實驗是否採取適當措施來保護參與者。

首先，批評者把無法預期的實驗結果與基本的實驗程序混為一談。舉例來說，她的說法彷彿受試者承受壓力是實驗刻意操作出來的結果。確實有許多實驗程序可以製造壓力（Lazarus, 1964），但服從典範與這些程序完全不同。受試者感到極度緊張，這完全是非預期的。在進行實驗之前，我們已與許多同事討論過實驗程序，沒有人預想得到接下來會產生這些反應。我們不可能在實驗之前就能預知實驗的結果。我們檢視實驗環境，使結果無法預知，如此的實驗方能增加我們的理解。如果連這種程度的風險都不能接受，科學探討將無法進行。

此外，我們在實驗之前有充分的理由預期，受試者會拒絕實驗者無視受試者的抗議所下的命令；許多同事與精神科醫生在這一點上遭受質疑，但他們當時確實認為如此。事實上，要進行一場以不服從為研究主題的實驗，我們一開始必須相信人具有某種自主

---

1 見Jay Katz, *Experimentation with Human Beings: The Authority of the Investigator, Subject, Professions, and State in the Human Experimentation Process*, New York: Russel Sage Foundation, 1972。這本厚達一千一百五十九頁的資料書，包含了對鮑姆林德（Baumrind）、埃爾姆斯（Elms）、林恩（Ring）與米爾格蘭實驗的所有評論。該書也包含了保羅·艾瑞拉博士（Dr. Paul Errera）訪談實驗參與者的說法（P.400）。關於這項研究引發的倫理爭議，詳細的討論見A. Miller, *The Social Psychology of Psychological Research*與A. Elms, *Social Psychology and Social Relevance*。

性，可以讓他們克服權威的壓力。

當合理數量的受試者經過這道程序之後，我們發現有些人會一直堅持到最高的電擊強度，有些人則感受到壓力。此時，我首次覺得這是個適當的時機來考慮是否要停止這場實驗。然而，當下的興奮與實際造成傷害是兩碼子事。隨著實驗進行，我們並未發現受試者受到傷害；而受試者也強烈支持這項實驗，因此我決定繼續進行調查。

批評者攻擊的難道不是基於預期外的結果，而非基於方法？實驗的結果發現有些受試者的做法幾近於不道德。然而，如果每個受試者都在「輕微電擊」或學習者首次表達不適時停止，那麼結果想必令人感到高興與安心，誰還會抗議呢？

實驗程序中有一個非常重要的面向，這個面向出現在實驗末尾。我們會在實驗之後詳細地向所有受試者說明一切。我們視情況說明我們如何安排這場騙局，而我們也不斷累積經驗。至少所有受試者都會知道受害者並未真的遭受危險的電擊。每個受試者都與未受傷害的受害者言歸於好，並且與實驗者進行進一步的討論。我們會向不服從的受試者解釋實驗，並支持他們不服從實驗者的決定。我們會安慰服從的受試者，說明他們的行為完全正常，並不是只有他們感到衝突與緊張，所有的參與者都是如此。我們告訴受

表 8 | 服從實驗後續研究的問卷調查摘要

我已閱讀報告，並且在深思熟慮後回答以下問題	不服從	服從	全部
1. 參與這場實驗，我感到非常高興	40.0%	47.8%	43.5%
2. 參與這場實驗，我感到高興	43.8%	35.7%	40.2%
3. 參與這場實驗，我既不難過也不高興	15.3%	14.8%	15.1%
4. 參與這場實驗，我感到難過	0.8%	0.7%	0.8%
5. 參與這場實驗，我感到非常難過	0.0%	1.0%	0.5%

注意：百分之九十二的受試者寄回問卷。我們把沒寄回的人與寄回的人的性質進行比對。他們的差異只表現在年齡上；沒寄回的絕大多數是年紀較輕的人。

試者，在一連串實驗結束後，我們會給他們一份詳盡的報告。有時我們會讓個別的受試者參與詳細而大量的實驗討論。

當所有的實驗結束後，受試者會收到一份書面報告，上面詳細說明實驗的程序與結果。此外，受試者在實驗中的表現會以維護他們尊嚴的方式來描述，而他們的行為也會獲得尊重。所有的受試者會收到一份後續的問卷調查，讓他們充分表達對自己行為的看法與感受。

問卷調查的結果符合我的印象，參與者對實驗抱持正面看法。從量化的角度來看（見表八），百分之八十四的受試者表示，他們對於參與這場實驗感到高興；百分之十五表達中立看法；只有百分之一點三表示負面看法。當然，這個結果必須審慎解讀，但也不能視為毫無價值。

不僅如此，五分之四的受試者認為應該進行更多這類型的實驗，百分之七十四認為自己從研究結果中了解個人的重要性。

這個聽取結果與評估的過程完全依照正常程序，並未受到任何特殊風險的刺激，因為我們此時並不是在進行實驗觀察。我認為，實驗時受試者完全未暴露在危險之中，他們並未因參與實驗而可能受到傷害。如果真的可能造成傷害，實驗就會馬上中止。

批評者表示，實驗結束後，受試者無法合理說明自己的行為，內心勢必遭受很大的衝擊。然而大體而言，實際狀況並不像她說的那樣。受試者選擇服從而非不服從，其背後機制不僅影響受試者當時的行為，也影響之後受試者對自身行為的解釋。受試者在行為時抱持的觀點，會連帶影響他日後如何解釋自己的行為，也就是說，受試者始終認為自己是在「執行權威交代給他的任務」。

由於電擊受害者令人反感，因此聽到這項實驗的人都不約而同地表示：「沒有人會做這種事」。當結果出爐時，這種態度又轉變成：「如果他們這麼做的話，他們往後要怎麼做人。」這兩種否認實驗結果的形式，都同樣不適切地誤解了人類社會行為。事實上，許多受試者一直服從到最後，而這些人並沒有受到任何傷害。

沒有人受到傷害，這是實驗的最低條件；此外，對於參與者來說，這項實驗還具有一項重要的正面意義。批評者認為受試者在服從研究中完全沒得到任何好處，這是錯的。受試者的說法與行動在在顯示他們獲益甚多，許多人慶幸自己能參與這項他們認為極為重要的科學研究。參與實驗的一年後，一名受試者寫道：「這個實驗加強了我的信念，人不能傷害他人，即使冒著違背權威的危險，也不能這麼做。」

另一名受試者說道：「對我來說，這場實驗顯示出……每個人都必須擁有或找出立身處世的標準，無論這個標準有多麼微不足道。我認為每個人都應該好好思索自己，思索自己與這個世界的關係，以及自己與他人的關係。如果這個實驗能讓人不再那麼自滿，那麼我想它的目的就達到了。」

這些說法充分顯示參與者普遍認為參與實驗是件好事，而他們的評論也點出了實驗的意義。

實驗結束後寄給每位受試者的五頁報告，主要用意是強調受試者這次經驗具有的價值。報告不僅說明實驗計畫的廣泛概念，也說明實驗的設計原理。報告描述十二次實驗結果，討論緊張的原因，並且試圖指出這項實驗可能的意義。受試者的反應相當熱烈；許多人表示願意參與進一步的實驗研究。這份報告是幾年前寄給所有受試者的。我們為了準備報告投入的心力足以反駁批評者的說法，她認為實驗者完全忽視受試者是否能從參與中獲得價值，這是不正確的。

批評者擔心參與者會因為實驗室裡的強烈經驗而疏遠心理實驗。我的觀察是，受試者更常抱怨的是「空洞的」實驗，使用毫無實質意義的程序，他們只會覺得這種實驗讓他們做一些瑣碎無用的小事，浪費他們的寶貴時間。

整體來說，服從實驗的受試者，他們參與的感受完全跟批評者說的不同。他們把實驗看成一個學習重要事物的機會，不僅能更了解自己，也能更了解一般人類行為的情況。

實驗計畫結束的一年後，我又進行了一場後續研究。在這場研究中，我們找了一位公正的醫療檢驗人員——擁有豐富的門診經驗——來為四十名實驗受試者進行訪談。這位檢驗的精神科醫生把焦點放在他認為最有可能因為參與實驗而感到難受的受試者身上。他想找出實驗可能產生的傷害效應。最後他得到的結論是，雖然有幾名受試者感受到極大的壓力，「但訪談者並未發現有人因為這場實驗而受到傷害……每個受試者（在實驗中）執行任務時，都是採取一般人能接受的行為模式。沒有證據顯示受試者出現創傷反應。」因此，我們在評價實驗之前，應該將這類證據列入考慮。

該批評者根本認為在這種情境下測試服從是不適當的，因為在這種狀況下，除了服從，沒有其他合理的做法。批評者採取這種觀點，卻忽略了以下這項事實：確實有相當高比例的受試者選擇不服從。受試者的例子顯示不服從確實可能發生，因此不能排除於實驗情境的一般結構之外。

批評者對於第一次實驗出現高比例的服從者感到不安。在她關注的這場實驗中，有百分之六十五的受試者一直服從到實驗結束。然而，批評者並未考慮到，在這場心理實驗的一般架構中，服從往往因實驗不同而出現巨大差異。在某些實驗中，有九成的受試者不服從。因此，服從與不服從的比例，不是由實驗的事實來決定，而是受到實驗情境裡特定要素結構所影響。此外在研究計畫裡，這些要素也會出現系統性的變化。

對人性尊嚴的關注，主要基於尊重人有從事道德行為的潛力。批評者覺得，是實驗者「要」受試者電擊受害者。這個概念令我不解。實驗者告訴受試者去做某件事情。在命令與結果之間存在著一股重要力量，也就是行動者自己，他可能服從，也可能不服從。我在實驗之初就抱持一個信念，參與實驗的人可以自由接受或拒絕權威的命令。這個觀點支持人性尊嚴的概念，認為每個人都有能力選擇自己的行為。結果，許多受試者確實選擇拒絕實驗者的命令，為人性理想提供強有力的確證。

這項實驗遭受批評的另一個原因在於，「實驗可以輕易影響受試者……使受試者未來無法相信成人的權威。」……然而，實驗者與一般的權威不同：實驗者是一個要求受試者以嚴酷而非人道的方式對待學習者的權威。如果參與這場實驗可以讓受試者質疑這種權威，我倒認為價值連城。我們或許可以從這裡明顯看出雙方哲學理念的不同。批評者認為受試者是被動的生物，完全受實驗者控制。我不這麼認為。參與實驗的人是主動而願意選擇的成人，他們面對交代給他們的行為指令，可以選擇接受，也可以選擇拒絕。批評者認為這項實驗將破壞受試者對權威的信任。但我認為這項實驗可以潛在地給予受試者相當寶貴的經驗，因為它可以讓人察覺到盲目服從權威的問題。

另一個批評來自丹尼・阿布斯（Dannie Abse）的劇作《巴夫洛夫的狗》（*The Dogs of Pavlov*），這本書在一九七一年於倫敦出版，以服從實驗做為戲劇的中心主題。在這齣戲的最高潮，主角庫爾特反對實驗者把他當成實驗用的天竺鼠。在劇作的導論裡，阿布斯特別指責實驗運用的假象，把實驗計畫命名為「鬼扯」、「詐欺」與「哄騙」。而在此同時，他明顯又讚美了實驗的戲劇性質。阿布斯允許在該書的導言裡收入我的答辯。我在寄給他的信上這麼寫著：

當你指責我在實驗裡製造假象時，我確實感受到你話裡的嚴苛批評。身為一名劇作家，你一定了解假象具有啟示的功用，事實上，戲劇存在的基礎就是善意地使用各種手段。

大家在觀看戲劇演出時，可以宣稱劇作家欺騙、耍詐與玩弄觀眾。舉例來說，他找來的老人，一旦卸了妝，就露出年輕人的樣子；他找來的醫生，實際上是對醫學一竅不通的演員等等。然而，「鬼扯」、「詐欺」與「哄騙」這種說法，難道不是蠢話嗎？因為這種說法完全沒考慮到觀看戲劇假象的人的感受。事實上，觀眾願意接受假象的必要性，以換取娛樂、心靈的充實與戲劇經驗帶來的種種好處。而正因為觀眾接受這些程序，才讓你能放心使上各種技巧安排橋段。

因此，我不會說你鬼扯、詐欺與哄騙你的觀眾。而且我會用同樣的說法來為自己的實驗辯解。實驗使用的錯誤資訊；為了設定環境使難以取得的真相能夠出現，必要時實驗會製造假象；支持這些程序的理由只有一個：最終，觀看這些假象的人都願意接受也願意為假象背書……

……當我們向受試者解釋實驗時，他們的回應是正面的，而且絕大多數都覺得這一個小時花得很值得。如果不是如此，如果受試者結束時充滿痛苦與指控的情緒，那麼這個實驗絕對無法進行下去。

最重要的是，我的判斷來自於我在實驗後立即與受試者對談的結果。這些對話顯示許多訊息，最常見的是他們很快就將這個經驗融入日常生活之中。此外，受試者是友善的而非敵視的，是好奇的而非指責的，他們並未因這個經驗而感到自己遭到貶損。這是我的一般印象，但之後為了評估受試者反應而進行的正式程序也支持我的看法。

我的實驗使用的程序之所以站得住腳的核心道德理由，在於參與實驗的人認為這是可接受的。此外，也正因這個理由，我們才擁有重要的道德守護符，得以繼續這場實驗。

想從倫理角度評價這場實驗的人，必須正視這項事實。

想像有一場實驗，過程中會把受試者的小指切掉。這種實驗不僅會遭受指責，也會在參與者一氣之下一狀告到校方而被迫停止，最後還會引發法律程序來約束實驗者。當人受到虐待時，他在知情下會做出適當的反應，阻止對方繼續虐待。

批評這項實驗時，如果沒考慮到受試者的容忍反應，批評將會是毫無意義的。尤其是針對技術假象（套個批評者更喜歡使用的詞——「欺騙」）提出的批評，如果無法將這項細節與受試者接受這種做法的事實連繫起來，那麼一切都是空談。我必須重申，真正有資格批評實驗的是參與者，而非從未參與實驗的批評者。

有些人指控實驗者欺騙、操弄與耍詐，但另一方面，你也可以說——而且你應該欣賞這一點——實驗者是個劇作家，他設計出顯示真相的場景，並且讓受試者參與其中。從這點來看，我們的工作也許沒有那麼與眾不同。當然我必須承認當中有個重要差異，就是前去看戲的人早已預期自己會看到什麼，但我的受試者事先並未受到警告。然而我藉由演戲來追尋真相的做法是否違反倫理，必須實際審視事實後才能評斷。必須參與過實驗的人才有資格回應。

還有一點：服從的受試者並未因電擊受害者而自我苛責，因為這個行動不是源於自我，而是源於權威。服從的受試者指責自己最力的部分是自己未來必須學習如何更有效地拒絕權威。

這場實驗能讓一些受試者產生這種想法，我認為是因為研究結果令他們感到滿意。有名年輕人的經驗可以做為佐證，他參與的是一九六四年在普林斯頓大學進行的服從實驗（仿照耶魯大學的實驗）。當時他完全服從。一九七〇年十月二十七日，他寫信給我：

「參與『電擊實驗』……對我的人生造成深遠的影響……

「一九六四年，當我是受試者時，我相信自己確實傷害了別人，但我不知道自己為什麼這麼做。當大家根據自己的信念行事，以及乖乖遵照權威的命令執行時，我想應該很少有人真正了解自己在做什麼……我認為，允許自己接受徵召服役等於是聽命權威去做一件非常糟糕的事，這讓我對自己感到害怕……如果我不符合拒服兵役的良心犯資格，我會做好入獄準備。我只能用這種做法證明我忠於自己的信念。我只希望兵役委員會的委員們能依據自己的良知來行動……」

他問起其他受試者是否也有類似的反應，以及依我來看，參與研究是否能達成同樣的效果。

我回答：

「這場實驗的目標是研究個人面臨兩難時的反應，例如當他們面對權威與良知兩相衝突的要求時會怎麼做。而我很高興參與的過程使大家都能對這些議題產生更深刻的個人思考。有幾個受試者告訴我，在參與實驗之後，他們對服從權威的問題變得更敏銳了。如果實驗使你更強烈地意識到盲目服從權威的問題，那麼這將為你帶來莫大的好處。如果你堅信為國殺人是錯的，那麼你當然應該努力爭取拒服兵役的良心犯資格，我深切希望你的想法能獲得認同。」

● ● ●

幾個月之後，他又寫信給我。他一開頭就表示，兵役委員會對於他參與實驗一事並不是非常重視，但他還是獲得了拒服兵役的良心犯資格。他寫道：

「訪談的經驗並未澆熄我的信念，我仍堅信這場實驗對我的人生有著重大的影響……

「……你已經找出世上一切紛擾的最大元凶……我很高興能與你分享我的經驗，而這些經驗必能佐證你的看法。我很高興自己拒絕服役，我想以此顯示，人必須有所作為才能解決問題。

「誠摯表達我的謝意，你改變了我的人生……」

●●●

在這個世界上，我們總是很難看清人類行動的意義，儘管如此，我還是寧可把更多的心力投注在這個年輕人身上——畢竟他親身參與研究——而不願浪費時間搭理捕風捉影的批評者。脫離現實的道德口號根本不值一提，唯有真正參與實驗的人所做的回應，才值得我們思考。而這些實際的回應不僅支持實驗，也一面倒地要求進行更進一步的研究，讓他們能更深入地了解服從與不服從的爭議。

●●●

經過這麼多年，已經有許多支持實驗的觀點出版。

知名臨床心理學家米爾頓・艾利克森博士（Dr. Milton Erikson）寫道：

「〔米爾格蘭的〕開創性的研究被抨擊是違反倫理、無合理性、毫無內容，此外還有其他各色各樣不難想像的詆譭說法。之所以會有這些批評，主要是因為一般人碰到不喜歡的事物總是傾向於閉上眼睛，他們寧可回想過去，而不願留心眼前各種荒謬的事……

「米爾格蘭對人類行為知識做出巨大而充滿意義的貢獻……當米爾格蘭完成最初的研究時，他很清楚地發現自己開啟了一塊嶄新的科學調查領域，而這項研究將引發許多批評與責難……要像米爾格蘭一樣從事這樣的研究，需要意志堅定，對科學有著強烈的信念，而且願意承認，一切不人道的行動均是由人類所引起，而非「魔鬼」，因此應該由人類負起責任，防止這種事再度發生。」

（《國際精神病學期刊》，一九六八年十月，278-79頁）

哥倫比亞大學社會學教授阿米泰・埃齊歐尼博士（Dr. Amitai Etzioni）寫道：

「……我認為，米爾格蘭的實驗是我們這個世代最好的一項研究。這個實驗顯示，追求意義與有趣的人文學研究，與講求精確的經驗量化研究，兩者間並非截然二分：這兩個視角可以彼此結合，讓兩者都獲得好處……」

（《國際精神病學期刊》，一九六八年十月，278-79頁）

赫伯特・凱爾曼（Herbert Kelman）教授寫了一篇發人省思的文章，談的是實驗研究的倫理問題，標題是：〈對人類受試者的運用：社會心理學實驗的欺騙問題〉（"Human Use on Human Subjects: The Problem of Deception in Social Psychological Experiments"）。柏克萊大學的社會心理學家湯瑪斯・克勞福博士（Dr. Thomas Crawford）寫道：

「凱爾曼採取的立場是，實驗有助個人自由與選擇時，實驗操控才具有正當性……

我認為米爾格蘭的研究……目標完全符合凱爾曼所說的，它實現了值得讚揚的目的。我們閱讀米爾格蘭的研究時，很難不回想我們自己生活上曾經遭遇的各種類似的衝突。」

（〈為服從研究辯護：凱爾曼倫理的延伸〉，收錄於《心理學研究的社會心理學》，亞瑟．米勒編。New York: The Free Press, 1972）

加州大學戴維斯分校艾倫．埃爾姆斯博士寫道：

「米爾格蘭探索產生毀滅性服從的條件以及造成拋棄責任的心理過程，我認為，他的研究是現代心理學最具有道德意義的研究。

（《社會心理學與社會關聯性》，Little, Brown and Company, 1972）

附錄 II

個人之間的模式

Patterns Among Individuals

表 9 | 不服從與服從受試者的責任分配

	n	實驗者	老師	學習者
不服從的受試者	61	38.8%	48.4%	12.8%
服從的受試者	57	38.4%	36.3%	25.3%

為了進一步了解為什麼有些人服從，而有些人不服從實驗者，我們必須再對受試者進行個別測試。為了解服從與不服從的受試者是否擁有不同的責任概念，我們讓前四個實驗條件下的受試者使用「責任鐘」（responsibility clock）。

責任鐘是一個圓盤，上面有三根可移動的棒子，可以繞著圓心旋轉，受試者可以用這三根棒子把圓盤分成三部分。受試者在結束實驗之後，我們要求他依照三名參與者（實驗者、受試者與受害者）在實驗中應負擔的責任比例來「切派」。我們問：「學習者在不情願之下遭受電擊，這件事我們每一個人應負的責任各是多少？」實驗者直接宣讀圓盤後方的結果，比例以圓三百六十度的計量方式表示。

整體來說，受試者並不覺得這是一個難以回答的問

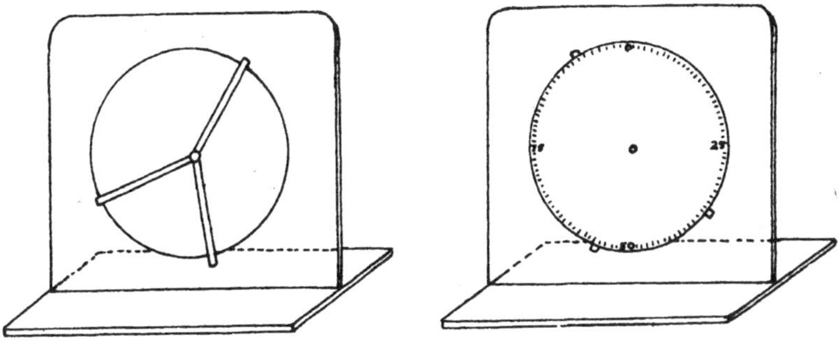

圖 20｜責任鐘

題。一百一十八名受試者測試的結果顯示於表九。

主要的發現是，不服從的受試者認為**自己**必須為學習者的痛苦負起主要責任，他們認為自己應負的責任是百分之四十八，而實驗者是百分之三十九。服從的受試者稍微偏袒自己一點，他們認為最應該負責的是實驗者，而自己應負的責任較輕。兩者間的差異主要表現在學習者的責任上。服從的受試者認為學習者自作自受的比例是不服從受試者的兩倍。他們認為學習者自願參與實驗，學習效率欠佳是他們自己的事。

因此，不服從的受試者比服從的受試者更傾向於認為自己應負主要責任。而不服從的受試者也認為學習者應負較少的責任。當然，這些調查是在受試者完成實驗後進行的，我們不知道服從或不服從的受試者是否仍維持原先的傾向，或者在事後做了思想調整。

艾倫・埃爾姆斯博士（Dr. Alan Elms）曾對進行過近端實驗的二十名服從受試者與二十名不服從受試者做了心理測試。他的主要發現是，實驗中的服從與F量表裡的分數具有相關性。阿多諾與他的同事建立了F量表，用來衡量法西斯主義的傾向（一九五〇年），而埃爾姆斯發現，服從的受試者要比不服從的受試者顯示出較高程度的威權主義傾向（F量表的分數較高）。這種結果當下聽起來好像是套套邏輯，但埃爾姆斯解釋說：

服從與威權主義的一些元素看起來具有相當強的關聯性；我們必須注意，服從的程度就是實際屈服於權威的程度，而不只是口頭上說說而已。太多威權主義的研究……只是停留在書面回應，而白紙黑字不一定會落實成為行為。然而這裡我們的受試者不是服從，不然就是不服從權威的要求，而且是處於實際而令人高度不安的情境裡……因此，一九四〇年代晚期的這些研究者似乎真的看出一些端倪，顯示抽象的傾向可以轉變成實際的威權行為：服從命令者，懲罰弱小的下屬。（P.133）（A. C. Elms, *Social Psychology and Social Relevance*, 1972）

F量表的分數與實驗中的表現，兩者之間的關係雖然具有暗示性，但關聯性並不強。我認為，原因有部分要歸咎於書面衡量機制的不完善。我們很難把受試者的表現與受試者的人格連結起來，因為我們不知道如何衡量人格。

於是有人努力想找出服從的關聯性，這個人就是勞倫斯・柯爾伯格博士（Dr. Lawrence Kohlberg），他是我在耶魯大學的同事。柯爾伯格博士曾經建立一種道德發展量表，它的基礎建立在個人在成長階段會經過好幾個道德判斷階段的理論上。在初探性的研究中，他研究了三十四名耶魯大學生，發現不服從的受試者道德發展程度要比服從的受試者來得高。但還是一樣，這個發現是暗示性的，關聯性並不強（Kohlberg, 1965）。

我也在受試者參與實驗後立即蒐集了他們的背景資料。雖然關聯性不高，但發現本身確實與之後實驗的方向一致。共和黨人與民主黨人在服從程度上並無明顯差異；天主教徒要比猶太人或新教徒更容易服從。教育程度較高的人比較低的人更容易不服從。從事道德相關職業，例如從事法律、醫學與教職的人，會比從事技術性職業，如從事工程與自然科學的人，更容易不服從。在軍隊裡待越久，越容易服從，但退伍軍官要比義務役士兵更容易不服從，無分役期長短。這是研究前四種實驗條件（近端實驗）下的受試者得出的結果。當我們繼續增添新的實驗條件之後，這些發現就被「洗掉了」，理由至今仍百思不解。（當然，在每個實驗條件下，服從與不服從的意義不盡相同。）

整體來說，我一直感到納悶，為什麼這麼難找出服從與不服從的關聯性，同時也很難建立服從與不服從以及實際行為之間的關係。我相信，服從與不服從一定有很複雜的人格基礎，我們只是還沒找到箇中關係。

無論如何，我們不應該認為某種單一的性格與不服從有關，也不應該提出過度化約的說法，認為仁慈善良的人容易不服從，而生性殘酷的人容易服從。在進行實驗的過程中有太多因素，顯示各種人格特質都在實驗中扮演複雜的角色，因此我們無法做出過於概括的結論。此外，參與實驗的人的性格，對行為的影響其實遠比讀者想的來得小。二十世紀的社會心理學給我們的重大啟示就是：通常，決定一個人如何行為的因素，與其說是人的性格，不如說是他所處的環境。

經濟新潮社針對本書中的黑白照片已盡力尋找原始版權擁有者。若您是本書黑白照片的版權所有者，請與我們聯繫，謝謝您。

自由學習 008
服從權威：有多少罪惡，假服從之名而行？

作　　者　史丹利・米爾格蘭 Stanley Milgram
譯　　者　黃煜文
封面設計　Jyunc-cih LI (zoey810612@gmail.com)
排　　版　菩薩蠻數位文化有限公司
責任編輯　林昀彤
行銷業務　劉順眾、顏宏紋、李君宜

總 編 輯　林博華
發 行 人　涂玉雲
出　　版　經濟新潮社
104 台北市民生東路二段 141 號 5 樓
電話：(02)2500-7696　傳真：(02)2500-1955
經濟新潮社部落格：http://ecocite.pixnet.net
發　　行　英屬蓋曼群島商家庭傳媒股份有限公司城邦分公司
台北市中山區民生東路二段 141 號 11 樓
客服服務專線：02-25007718；25007719
24 小時傳真專線：02-25001990；25001991
服務時間：週一至週五上午 09:30-12:00；下午 13:30-17:00
劃撥帳號：19863813；戶名：書虫股份有限公司
讀者服務信箱：service@readingclub.com.tw
香港發行所　城邦（香港）出版集團有限公司
香港灣仔駱克道 193 號東超商業中心 1 樓
電話：852-2508 6231　傳真：852-2578 9337
E-mail: hkcite@biznetvigator.com
馬新發行所　城邦（馬新）出版集團 Cite (M) Sdn Bhd
41, Jalan Radin Anum, Bandar Baru Sri Petaling,
57000 Kuala Lumpur, Malaysia.
電話：(603) 90578822　傳真：(603) 90576622
E-mail: cite@cite.com.my
印　　刷　漾格科技股份有限公司
初版一刷　2015 年 12 月 8 日
初版二刷　2018 年 6 月 15 日

ISBN：978-986-6031-76-2

售價：380 元
Printed in Taiwan

國家圖書館出版品預行編目（CIP）資料

服從權威：有多少罪惡,假服從之名而行？/ 史丹利.米爾格蘭(Stanley Milgram)著；黃煜文譯.
-- 初版. -- 臺北市：經濟新潮社出版：家庭傳媒城邦分公司發行,
2015.12
面；　　公分.－－（自由學習；8）
譯自：Obedience to authority : an experimental view
ISBN 978-986-6031-76-2（平裝）

1. 社會心理學　2. 服從　3. 權威

541.7　　　　104022262